百炼成钢　千锤百炼　发之于心　报之于心

湖南科学技术出版社

心
悟
锤

静闲斋汤颖

心悟锤

作者简介

　　易仲祥出生于 1952 年 2 月，从小即深受长沙著名武林奇人李泽玉先生之影响，酷爱中华传统武术，并深得李家垂爱，以至传承李家秘不外传的中医技艺。1999 年 6 月被世界中医骨科联合会接纳为会员，2002 年转入中华中医药学学会（会员），2006 年 9 月受邀加入中华中医药学会整脊分会（会员）。20 世纪 80 年代初开始创编"心悟锤"（武术内家拳）之套路，2013 年开始撰写《心悟锤》一书。20 世纪 90 年代中期，创建了以"子午流注"经络学为主要传统中医技艺的"龙祥康复堂"，长期持守以德为本，济人为己任之仁爱观，其德、艺皆赢得了接受治疗的国内外广大患者之高度赞誉，从而使人们对博大精深的中华古医文化，有了更深刻的认识和体会，为弘扬中华传统古医文化作出了一定的贡献。

走进玄妙的瓷世界

陶冶中华抟泥学情怀

吴仲祥撰书
丙申年中秋

《心悟锤》简介

　　《心悟锤》根之于心，发之于悟，千锤百炼，百炼成钢。《心悟锤》从该套路之创编，直至编撰成文，均遵循传统武术和中医学理论，以及中医经络学，特别是子午流注学说，灵活运用，相互联系，名副其实地将武、医传统文化交融于一体，让一个既传统而又新颖之经典，有血、有肉有骨头并且有灵魂地展现在追求和热爱新生活的人们面前，重现了中华武术的真实原始传统风貌。长时期的实践证明，《心悟锤》在修身、养生方面有独到之处，在实用击技中实在，是人们提高生活质量，强身健体，延年益寿之挚友。

甲午年春

序　言

易弟仲祥，长沙奇士也，精击技，晓医道，专内外家之拳法，复能不吝所知，倾数十年所学之秘传，笔工于书，公之当世。著《心悟锤》一书，嘱序于余，吾获交仲祥弟，于兹三十有七年矣，因同爱喜练拳术，常邀人手搏，打得不亦乐乎，加之仲祥弟性旷达淡泊，不骛浮名而惯于武术练习之中，及道家的元阳之气修炼，文练之则内丹强己身，武练之则外丹为人疗病，技艺精进，为武林前辈所激赏。而与余相交，则情性相合，同气相求，故常以兄弟相称，分则常怀动静互根，温养合法，自有结丹之妙，聚则每叙假后天之形，运动身体，而激活心灵，不用后天之力，一动一静，纯任自然，意在练气化神之境界。而困厄之时，则相濡以沫，迷惘时则谏以铮言，有闲时接以清淡，此兄弟之人义也，可砥砺，可切磋，唯不可杯酒殷勤，朋比营私为快意，不因微利名末，驰骛争逐为仇对。高山流水常遇知音，岁月悠悠，鸟飞兔走，昔日青丝总角，今日白发故人，所嘱故不辞也。

儿十年米，仲祥弟拜名师，访高朋，学习内外家拳法之精华，而勤丁武，精于术，把习武修心、行善并兼治病融为一体。为进一步提高技艺，他博考文献，考稽刚柔之劲的参互异同，进而获得了不少经典文献的知识与方法，不仅如此，也因习武修心而知医药经脉之学，及内丹修炼之功法，并开启了拳贵心悟。悟者，吾心也，所谓运用之妙存于一心；拳者，心法也，拳有拳势，心辅拳势，故能仰则观象于天，俯则观法于地，天生神物，圣人则之，天地变化圣人效之……近取诸身，远取诸物，于是始作八卦，以通神明之德，以

类万物之情。"周易系辞"之理，用周易太极之形，取河洛之转乾坤，扭气机，以后天返先天，引"少林内壮言坚，外壮言通"之道，含其眼光，凝其耳韵，匀其鼻息，缄其口气，逸其身劳，锁其意驰，化其拙力，引火归元，气贯丹田而合为六十四式，乃是对"易有三百八十四爻，据爻摘符，符谓六十四卦"之理的再现。

从心悟而太极，是太极生两仪，两仪生四象，四象生八卦，八卦至六十四卦，到万法归一而心悟也，视其所演六十四式"心悟锤"，无不体现式式相承，招招生圈，虽以六十四式定形，变化却承于一心，手法虽均成环，却有高有低，进退出入，攻守之别。圈有大圈、小圈、平圈、立圈、斜圈、有形圈、无形圈之分。临敌之际，须以大克小，以斜克正，以无形克有形，一招一式均暗蓄环劲，吐故纳新，合乎沉浮，熊经鸟伸，骨弱筋柔，运动身心，以强精神，知白守黑，神明自来。盖乎"心悟锤"以内外家拳法合二为一，只为刚柔之劲，练习刚劲时，注重招势而重劲力。习柔劲时，则以意和之养气凝神；练刚劲时两足用力，十趾抓泥，重心落于两腿之间，放松用力，以后天之呼吸，一吞一吐，气归丹田之中，久之则身如铁石，立于泰山，一旦临敌，起式飞龙在天，落如霹雷击地。起无形，落无踪，起落好似卷地内；起无形，落无意，束身而起，长身而落；起如箭，落如风，追风赴月不放松，一硬无破，一快无破，硬在快先，刚在他力前，数年则水到渠成，得心应手。练柔劲者是举重则轻，一足用力，前虚后实，虚其心实其腹，神气相合，中和在抱，进退得宜，进如弩箭在弦蓄而后发，退如鹰雀归巢，飘然而返，绝无反顾迟疑之意。且练习时，身似空壶，无念无想，虽变化万千，也要顺其自然。所谓拳无拳，意无意，无意之中是真意；心无其心心空也，身无其身身空也。古人云："所谓空而不空，是谓真空。"无用则空为心悟锤不二法门也，盖静者动之基，空者实之本，心中空虚则灵而不昧，自然会因乱变化现神奇，此即是仲祥弟"心悟锤"之由来也。

而今之练拳术者，不能参赞古圣之旨，言术不言理，言势不言意，视击技无用，不以文明其精神，野蛮其体魄为练拳之大道，已失之拳术之本来面目，加之以酒为浆，以妄为常，醉以入房……不知持满，不时御神，务快其心，逆于生乐，起居无节，故半百而衰也，良可痛惜也。

仲祥弟《心悟锤》一书，择明古圣真意，集内外功法以倡其道，法于阴阳，和于术数，快慢有节，起居有常，纯任自然，故能形与神俱，而效其灵性，悟其直意，通其造化，以术延道，化俗为仙，而终其天年。

仲祥弟天资既深，造诣尤宏，曾受业于名师门下，面壁十稔，尽得三昧，所读皆易经易数，所练拳势皆神形兼备，全无花架浮文之俗套，阐扬易理，弘扬正道，发为拳术有志于如此之学者，一经指授，莫不洞明窍要，不但能神足气旺，而且可由此而明心见性，小之则能独善其身，大之可兼善天下，倘能人人明而习之，又何忧身之不健而中国梦不实现乎？仲祥弟慈心一片，曾公园授徒，虽寒暑不辍，然犹恐不能普及广而授之，流传久远，复发为文，著《心悟锤》一书以广为传扬，其用心深远，良可钦仰，又嘱为誊写付梓用，特不揣作序，以介绍有志之士，能含精养神，通法三元，律溢滕理，筋骨坚强，众邪辟除，正气常存，累积长久化形而仙也。

羊定国

2014 年 3 月 18 日

心悟锤

引　言

　　泱泱中华五千年的灿烂文化，熏陶着智慧而勤劳的炎黄子孙，中华武术作为华夏文化的璀璨奇葩，尤为世人所瞩目。

　　余从小酷爱武术，主要深受武林奇人李泽玉老先生（1902—1975）之影响，余称其姑老爷，当地人敬称其李三爹。在 20 世纪 70 年代以前的长沙武术界，因轻功和硬功过人著称：在空箩筐边上行走自如，双膝能将大小竹杆夹裂……这些玄之又玄、众妙之门成了当时趣闻奇谈。李老先生不但在中国传统武术方面造诣至深，在中医骨科和子午流注经络学之临床应用上，更有独到之处。老人家在当地悬壶济世，造福至多，无论老幼男女，均口碑载道。正因姑老爷之诸多神奇，使余年少的心灵产生了对武术的痴迷和狂热追求。

　　20 世纪 70 年代初，余又先后拜师于巫家拳名家——陈印球先生、杨志和先生门下习练巫家拳以及长短、单双器械。通过二十余年之操练、总结，余认为中华传统武术经过千百年以来的不断传承，虽然有其光辉灿烂的一面，同时也有待更为完善之处。历代宗师圣祖们的博学奇才，在封建制度影响下，必然受到当时历史环境的制约，并被封建保守思想束缚，圣祖的雄风、雄姿也自然不可能较为真实而完整地传承下来，尤为令人惋惜的是那些英年早逝的奇侠贤士，他们出类拔萃的技艺，因过早离世，促使后人们不得不认真而深刻地探究智慧养生和祛病延年——这个既让人们熟识而又深远的科学课题。博大精深的华夏文化，必定是一个优秀民族在漫长的劳动和生活中，不断扬长避短，不断传承，不断弘扬和积累形成的。如 20 世纪初，在中国乃至世界充满传奇色彩的中国拳王——王润生大师（名志群，字润生），创编了以大师威名而命名的"志群拳"，因该拳击技性极强而流传甚少，至今仍披着神秘面纱。20世纪80年代以前，我国享有盛誉的武林儒侠——龙奉武大师，不但在传统医武理论方面孤诣至深，还创编了至今充满神奇之"无式太极拳"。霍元甲大师的"迷踪拳"以及从"陈式太极拳"发展的"杨式""吴式"太极拳，等等。荀子云："不积跬步，无以至千里，不积小流，无以成江海。"中华武术之辉煌和悠久历史，就是历代精英们以自强不息之精神，用无比之大智慧，交织着一拳一脚，并且用横竖撇捺熔铸而成。

余学识不深，和历代武林宗师相比较，自然不能同日而语，然而，受千百年来圣祖们为了传承和弘扬华夏文化，其锲而不舍之精神所激励，应为民族文化之振兴而添砖加瓦，并极尽绵薄之力才无愧炎黄子孙之责任。孟子勉励后人云："人皆可以为尧舜。"因此，余决意将所操练的传统武术套路中之经典散手动作，以及在实践中发现的实用技艺，与相关阴阳功法，取精用弘，贯串成内外兼修之内家拳法，以至自成一体。历经二十余年揣摩参悟，以至感悟并反复编排、修正，不厌其烦地操练，终于功夫不负有心人，一种不失传统风格并具新颖之内家拳韵味的武术套路形成了，该拳共为甲、乙两路，取名"心悟锤"。

"心悟锤"其名，源于戚继光所著《纪效新书》中所启悟，戚氏云："天下之事，难者甚多矣，至于兵则难之尤者也，也有视弓马为末艺，等行武为愚民者，是岂知本人论哉？黄帝之法，根于机微，汤武之兵，本诸仁义，机微之所由起，仁义之所从出，在于吾心，是故迹至粗也，而用至神也。"长久以来，吾熟读精思戚氏之论述，乃知"心悟"为一切内外拳法之根本，只有根之于心，发之于悟，形体不敝，精神不散，千锤百炼，悟道益宏，方可益寿天年。

心
悟
锤

"心悟锤"在操练过程中务必做到心、意、气、形相依相随，并且与"子午流注"经络学有机结合，通过心悟、意悟、气悟、形悟而循序渐进，逐步形成以精、气、神为基础之能量流，随着这种能量流之日积月累，人体就有了坚实之纠正阴阳气血偏胜、偏衰、扶正祛邪之抗体，即阴平阳秘，精神乃治，元真通畅，人即安和。同样，随着能量流之集腋成裘，人体即能形成气拔山河，顶天立地之豪气。

　　"心悟锤"从其套路之成形直至编撰成文，由于鄙人技艺不精，才疏学浅，故而难免存在不足，特别是初次尝试将中华传统医武文化交融于一体，如存在疏漏和错误之处，恳望海内外同道与读者，以及武林贤士不吝点化、赐教，鄙人将表示由衷之谢意。

　　　　　　　　　　　2014年8月11日易仲祥于龙祥康复堂工作室

致　谢

　　"心悟锤"其套路之创编，始于20世纪80年代初，其间因工作繁忙而几经停断，后经数年之刻苦揣摩、编创而终于有所收获。该套路形成后，经过较长时期之操练，余在诸多方面受益匪浅，感受颇为深刻，由此而萌发将其套路整理成文之意向，但是，因余生不逢时而阅历有限，故感觉心有余而力不足，不敢贸然动笔。后受诸多朋友鼓励，方决意为之。因此，在本书编写过程中，承蒙良师益友之鼎力帮助，方了却多年之心愿。余对曾经帮助和正在帮助鄙人的师友们，表示由衷之感谢。他们是：在湖南享有盛誉的巫家拳名师陈印球老先生；在湖南享有"大刀"美称的杨大刀，杨志和老先生；我国著名武林儒侠龙奉武大师之长子和次子——对于中国传统医武文化造诣颇深，并在国家和省级武术比赛中多次荣获殊荣的龙宸先生和龙铭石先生。特别感谢王润生大师之徒孙，著名武林奇侠龚寿泉大师的关门弟子，也同是龙奉武大师的得意高徒羊定国大师，能在繁忙之中抽出宝贵时间为本书作序，并无私地赐予墨宝，实乃于雪中送炭。还有在本书即将完稿之际，定国君得意弟子，湖南省青年书法家协会副主席兼秘书长汤颖先生，特为本书题写书名，并予以题词等。尤其是，双峰县年逾古稀的退休老干部，著名书法家陈康林老先生，在本书出版前夕，不顾年事已高，特地为《心悟锤》书写千余文字楷书长卷，并委派儿子陈敏宾、

儿媳杨惠梅驱车数百里，将长卷作品送往长沙，以成《心悟锤》之完美。所有这些感人至深的无私帮衬，着实令人难以忘怀，感动不已。此外还有罗湘先生、毛祖华先生、陈恒安先生、杨振浩先生以及骆娴梅女士、陈琛女士，均为本书给予了大力帮助和支持，为此一并表示深深的感谢。此刻，吾更要感谢湖南省科学技术出版社项目部罗列夫主任和出版社的领导。正是罗主任的独具慧眼才能让本书得以出版、发行。谢谢所有为《心悟锤》出版、发行而辛劳的人们。

此时此刻，沉浸于百感交集之中，余更加深深地怀念和感激，影响和激励着鄙人数十年的、一位既平凡而又十分不平凡之武林尊师，一位深受当地人们敬爱且德高望重的老人——李泽玉师祖。

在这个为实现中华民族复兴的伟大时代，激活了人们更多的智慧和灵感。也只有在这个阳光明媚，生机勃勃之优美环境中，才能百花齐放，万紫千红，因此我们更要感谢这个催人奋进之伟大时代。

学海无涯，《心悟锤》从其套路创编和编撰成文，因余学识浅薄，技艺不精，其不足之处实为难免，为此恳望海内外医武同道，以及前辈高人点拨赐教，鄙人将不胜感激之至。

易仲祥、易帆于龙祥康复堂工作室

2015 年 1 月 10 日

《心悟锤》所涉名家简介

一、龙奉武先生（1927—1987），全国著名武术家和太极拳武术理论家。自幼喜武术，年少时曾习"六气拳""戚家拳""志群拳"（八拳）和"戚家剑"。后拜著名武术大师柳惕怡（平江不肖生向恺然所著《江湖奇侠传》中南侠柳迟之原型），专习各家太极拳，尤善吴式老架及太极拳推手，并在吴式老架太极拳基础之上，形成了别具风格的"无式太极拳"。同时其在医武理论方面造诣独到，编撰有《放松歌》《打手歌》《搭手奥语》《行功运气歌》《太极新论》《研究太极拳》等一系列武术理论经典。

1956 年龙奉武先生随领队向恺然先生，偕刘杞荣、彭敦朴等，代表湖南民间武术界到北京参加了全国第一届武术观摩大会，并在大会上表演了"戚家拳"和王润生大师自创的"志群拳"，"志群拳"是王润生（名志群，字润生）大师将其所练"八拳"中常用手法与腿法组合而成的自创拳术。其时龙师在武林中名望很高，在这次观摩大会上有幸结识了王子平、徐致一、万籁声、顾留馨、李经梧、温敬铭等武林名宿，并与少壮派的顾留馨、李经梧、温敬铭等结为契友。1958 年龙奉武先生与彭敦朴先生被国家体委授予国家级武术裁判（当时在湖南仅有龙、彭二位先生获此殊荣）。1960 年秋，龙奉武先生去江西萍乡一个不知名的山洞里，找到了李龙田先生（《江湖奇侠传》中笑道人的原型），在山洞里小住并受李龙田先生指点。回到长沙后龙师技艺精进，即写了大量武学体会与文章，给后人留下了无与伦比之武医文化精髓。1964 年 6 月 21 日龙奉武先生在《体育报》上撰文《也谈缠丝劲》，即在全国武术界引起了极大的反响，以至将波及全国的太极拳名家和太极拳爱好者参与和关注的太极拳理论探讨推至新的高潮。1984 年时任国家发掘、整理民间武术工作的温敬铭教授来长沙会晤了龙奉武先生后，将其撰写的《研究太极拳》《太极拳新论》等著作带回

北京，后由国家体委组织在河北承德山庄展出后并存档于国家武术档案馆。

（以上龙奉武先生的纪实资料由龙奉武先生之弟子羊定国先生和龙奉武先生的儿子龙震先生、龙铭石先生提供）

二、羊定国，1947年生于长沙市。中国武术协会会员、湖南省武术协会常务委员、长沙市人民政府批准为"非物质文化遗产项目八拳市级唯一代表性传承人"、湖南省武术协会武术名师、优秀门派拳种传承人、湖南省杜心五文化研究会副会长、湖南省八拳研究会会长，武术七段。

羊定国自幼酷爱武术，年轻时开始拜向恺然所著的《江湖奇侠传》一书中，南侠柳惕怡先生高足龙奉武先生学习太极拳、太极拳推手、戚家拳、志群拳、八拳等。后拜拳王王润生先生得意弟子龚寿泉先生专习八拳，深得二位明师真传。多次受湖南省多家媒体采访与报道，在社会上产生了深远的影响。

羊定国近几年忙于授徒并著书立说，弟子来自大江南北和美国、瑞典诸国。2010年4月由湖南科学技术出版社出版了《八拳》和《八拳制敌绝技》两本武术专著；2011年在平江不肖生国际研讨会发表论文《向恺然武术思想浅析》，由上海复旦大学出版社出版；2011年在第10期，第11期《武当》杂志分别发表《文胆武魄，铁肩道义》的论文；2013年美国苹果公司出版双语版《八拳》一书；先后在《潇湘晨报》《晨报周刊》《长沙晚报》《星沙日报》《浏阳日报》及湖南人民出版社出版《大美福临》一书；中国致公出版社出版《五十里水路到湘江》一书；中共长沙市委宣传部出版《醉美浏阳河，神奇九道湾》一书；及《文史拾遗》《环球人文地理》多家书籍刊物都以八拳为题作了详细的报道和介绍。

羊定国为弘扬武术事业作出了较大的贡献，并被湖南省武术协会授予湖南省传统武术优秀传承人等光荣称号。

2015年孟夏易仲祥于龙祥康复堂工作室

天有四季，人有四肢。四季中包含有二十四个节气，而人体脊椎则由二十四节椎骨所组成（不包含腰底椎和尾骨）。每天有十二个时辰，人体却有十二条经脉，故此把人的脏腑在十二个时辰的兴衰联系起来，并且与天干、地支、阴阳五行及花甲环周之学次有机的综合运用。气血应时而至将盛、过时而去将衰、逢时而开、过时将阖，因人施治、因时施治、辩证施治，按照这个法则点穴治病、养生就叫"子午流注"。"子午流注"是中医经络学之最高境界，并且深受历代医家所青睐（而吾人怀着虔乎之心态称其将时间医学），是中华民族极珍宝贵之古医文化遗产。

　　鄙人在长时期实践"子午流注"之法则，并将其与医术、养生有机的相结合，其神奇之处，不得不深将祖国古医文化之博大精深，而铭讯不已，古医文化之玄妙，在于能解决许多让现代医学束手无策之难题；它能给那些成长时期在逆境中挣扎的患者们，带来新生活的希望和久违之愉悦，并且让他她们能够刻骨铭心的领

略到祖国传统医学之神奇；"子午流注"善于

作者手稿

心悟锤

武林前辈：李泽玉（李三爹）先生

武林前辈：龙奉武先生

龙奉武先生与儿子龙铭石

羊定国先生题词

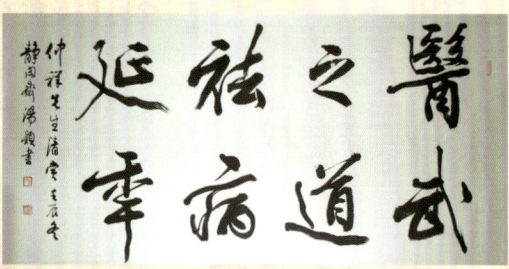

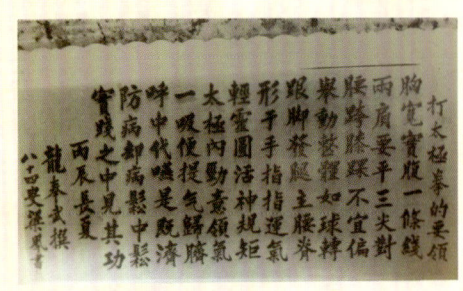

汤颖先生题词（湖南省青年书法家协会副主席兼秘书长）

我国著名书法家梁凤先生书写龙奉武先生所撰写"行功运气歌"

作者青年时期和师傅陈印球先生合影

子午流注环周图（取材于吴棹仙先生所著《子午流注说难》）

心悟锤

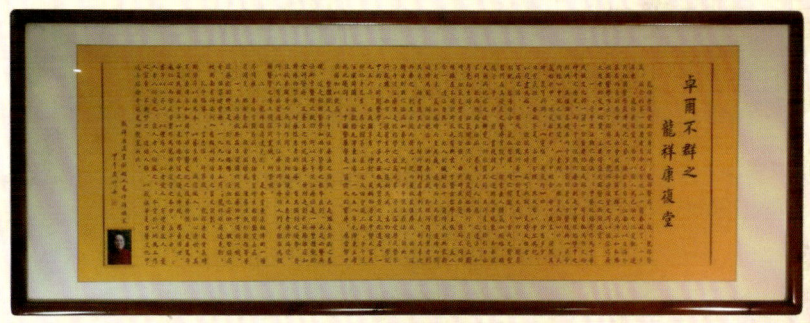

龙祥康复堂简介

　　……"龙祥康复堂"恪守以济人为己任之仁爱观，运用祖国医学最传统之技艺，接诊来自大江南北以及海内外慕名而来的患者，其社会效应卓尔不群。……主要得益于国医之两个瑰宝。

　　一、"子午流注点穴疗法"：有着极为悠久而神奇之历史。……中医古哲学主张："天人合一，道法自然。"把人的脏腑在十二个时辰的兴衰联系起来，……从而获取最佳疗效。按照这个法则点穴治病和养生，就叫"子午流注疗法"。因此，子午流注疗法是经络学之最高境界，并且深受历代医家所青睐。……只有接受过子午流注疗法所治疗的人们才能深为祖国医学之博大精深所震撼，所赞叹。

　　二、"龙祥顽痛速克酊"：是本堂的一种外用药，专治骨关节病……。其治疗效果在目前国内同类药物中独树一帜。……龙祥康复堂长时期持守以德为本，以艺求精。……本堂将以此为工作之宗旨，不断努力，造福人类，……

龙祥康复堂创始人

易仲祥　撰文

杨志和先生

作者与羊定国先生（中），
龙震先生（左）合影照

作者与弟子陈敏宾（左一）、杨惠梅
（右）、陈奕亭（左二）

作者与弟子
罗湘（左）、毛志源（右）

心
悟
锤

作者青年时期习武照

作者练功照

作者近照

作者和女儿易帆近照

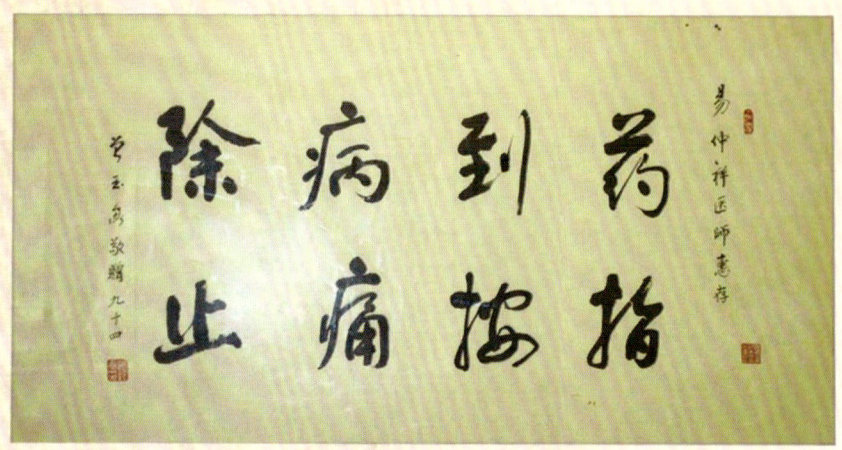

我国著名书法家曾玉衡老先生为作者题词

作者所创建的龙祥康复堂照

羊定国先生书写作者撰联照

龙祥康复堂室内照

第一章 > 心悟锤概论

心悟锤概论

"心悟锤"根之于心，发之于悟，千锤百炼，百炼成钢。"心悟锤"舒展圆活，吞吐沉浮，刚柔相济，牝牡相从，内丹如山涧小溪，流水涓涓，细而无声，形随意引，相依相随，修炼中形体稍有停断，此乃丹内之炁顺随专一之自然体现。中华武术不论内外拳法，皆重内练，惟行此法方能得道，惟行此法方能形成以"精、气、神"为基础之"能量流"。"能量流"的形成有利于疏通经络，调理气血，激发元气，扶正祛邪，从而促进新陈代谢，改善人体机能，以至祛病延年，也是提高人文质量，推进人类社会进步之必然。

一、 能量与人类社会进步之关系

1690 年，法国人巴比发明了世界上第一台活塞蒸汽机，从而改变了人类最原始的运输方式，一场动力机械的创新，让人类社会有了新的飞跃，而促进这个史无前例的飞跃，就是蒸汽机产生的"能量流"所带来的驱动力，它让人类社会随着火车的轰隆声，轮船的汽笛声，进入了一个光辉灿烂的崭新世界。从蒸汽机热能过渡到内燃机能量，以及风能量、水能量，直到物理核能量的迅速发展等，层出不穷的诸多高科技能量，将人类社会推进到了今天的数字信息世界，同时也不断地促进和启迪人类，在生命科学中更深入地考究，探索人体能量流对于改善人体机能，提高生活质量，祛病延年这个既古老而新颖之生命科学的课题，这是民族和历史赋予之崇高使命。在一千八百多年前的东汉时期，被尊称为"万古丹经之祖"的魏伯阳（东汉100—170）在内丹经络学的修炼领域的实践和理论方面都有了颇高造诣。魏氏所著《周易参同契》充分运用了易学的阴阳变化之理，深刻论述了内丹、内养之道，明确了人与天地宇宙有同体，以及同功而异用的对应关系。并且将中国古代化学、药物学、天文历算等科学融汇于一体，为中华医武文化的发展和人类智慧修身养生奠定了坚实的实践和理论基础，以至千百年以后的人们，以此而领略到中华古人非凡的哲学智慧和华夏文化的博大精深。内丹修炼亦称炼己筑基之学，是以"天人合一"古哲学为指导思想，以人体元气为鼎炉，并以精气神为基本物质，而至体内凝炼结丹的修行方式（道家设假修真之道法）而修身养性。故道家倡导："炼丹自有真炉灶，何必区区去求人。心若静时身自定，身心静定见丹头。"武林圣祖张三丰云："予知三教归一之理，皆性命学也，皆以小为身之主也，保全心身，永有精气神也。有精气神才能文思安安，武备动动。安安动动乃文乃武。大而化之者，圣神也。"

二、能量流与精气神之关系

人体"能量流"的形成和不断充盈，是遵循一定（传统）方式，按照一定的（传统）要求，经过旷日持久之修炼而渐渐形成的。随着人体"能量流"之日积月累，人体精气神就自然表现得更为充实。"精气神"为宇宙万物本源之古哲学思想，该思想渗透到医学领域后，对中医理论的形成与发展起到了极其重要的作用，故古人云："天有三宝：日月星；地有三宝：水火风；人有三宝：精气神。"中医学认为精气神是人体生命活动之根本，所以保养和充实精气神是修身、养生、祛病延年之关键。为此，要修炼好"心悟锤"就务必先懂得修身，养生之道法，要明了其道法，就务必从中医学理上，深刻领会精气神三者之间相互依存的关系，是至关重要的。《素问·生气通天论》阴平阳秘，精神乃治，阴阳离决，精气乃绝。阳气者，精则养神，柔则养筋。开阖不得，寒气从之，乃生大偻。陷脉为瘘。留连肉腠，俞气化薄，传为善畏，及为惊骇。营气不从，逆于肉理，乃生痈肿。魄汗未尽，形弱而气烁，穴俞以闭，发为风疟。

　　"精"，又称"精气"。"精"是由气血、津液组成。"精"分为先天之精和后天之精。先天之精与生俱来，一方面秉承于父母的生殖之精，另一方面来源于水谷精气。胚胎形成后，直至胎儿发育成熟娩出，在这一过程中必须依赖于母体汲取的水谷之精的养育，这种先天之精主要藏于肾中，也就是人们常说的肾中藏有先天之精。后天之精又称为"水谷之精"，人体生命的维持既要依靠先天之精为基础，还要依靠各种饮食的"水谷之精"不断充养，先天之精和后天之精相互依存，相互为用，先天之精依赖后天之精的培育充养，后天之精的化生又需要先天之精的资助。脾胃功能的强健是保养"精气"之关键，西汉时期刘安所撰之《淮南鸿烈》曰"得谷者昌，失谷者亡"，就说明了这个道理。

　　"精"能化气，气是构成人体生命的基本物质。人体之气依据部位和功能特点不同，故有不同名称，主要有："元气""宗气""营气""卫气"四种。

　　"元气"根源于肾，由肾精化生。"元气"的盛衰既取决于先天之禀赋，又依赖于后天脾胃运化的水谷精气充养，培育，并且随依三焦循行，布散至全身而无处不到，发挥其生理功能。"元气"具有促进人体生长发育和生殖，以及激发和调节脏腑经络等组织器官生理功能的作用，是人体生命活动的原动力。"元气"充沛，各组织器官经络功能即旺盛。《医权初稿》云："人之生死，全赖此气，气聚则生，气壮则康，气衰则弱，气散则死。"

　　"宗气"，是肺所吸入自然界清气和饮食中的水谷精气，在肺的气化作用下结合而生成的。其积聚于胸中，贯注于心肺，上出于肺，循走息道，向下注入于丹田，贯于心脏，推动血液运行。因此"宗气"行呼吸，贯心脉，行气血，与人体的视、听、言、动的功能密切相关。《灵枢·邪客》曰："宗气积于胸中，出于喉咙，以贯心脉，而行呼吸焉。"《读医随笔·气血精神论》曰："宗气者，动气也，凡呼吸、言语、声音以及肢体运动，筋力强者，宗气之功也。"

　　"营气"，主要来源于脾胃运化的水谷精气，由水谷精气的精华部分所化生。营气分布于血之中，随血液循环营运全身。《素问·脾论》曰："营者，水谷之精气，和调于五脏，洒陈于六腑，乃能入脉也，故循脉上下，贯五脏，络六腑也。"营气的主要生理功能有两个方面：营气在血管中，通过微循环而营养全身，营气可以化生血液，水谷精微中的精专部分是营气的主要部分，是脏腑经络等生理活动所必需的营养物质，所以《灵枢·邪客》曰："营气者，泌其津液，注之于脉，化之于血。"

"卫气"是运行于脉外，具有防卫功能的气。"卫气"同"营气"来自于脾胃所汲取的营养而化生的水谷精气，是水谷精气中的性质剽悍、运行滑利、反应迅速的部分。正如《素问·脾论》所曰："卫者，水谷之气也，其气慓疾滑利。"卫气不能入脉，故循环于皮肤之中，护卫肌表，防御外邪。肌肤腠理是机体抗御外邪的屏障。"卫气"温养脏腑肌肉和皮毛等，在正常的情况下，体温相对恒定是维持机体正常生命活动的重要条件之一。同时，"卫气"是产生热量的主要来源，体温的维持依赖于"卫气"的温煦作用。如《灵枢·本藏》曰："卫气者，所以温分肉，充皮肤，肥腠理，司开合者也。"卫气的运行与睡眠有关，当卫气行于内脏时，人便入睡；当卫气出于体表时，人便醒寤。

"神"是指以精气为物质基础的一种机能。"神"产生于先天之精，又赖后天水谷之气的充养。"神"是五脏六腑所生之外荣，其内涵概括了生理活动和心理活动以及生命活动的外在体现，其中包括：意、思、虑、智等。脑神是人体指挥之首。人的言行举止都离不开脑神，也就是广义之神。广义之神是西方医学所缺少的。而狭义的神是指心神，心藏于神。《灵枢·大惑论》曰："心者，神之舍也。""神"可以调节人体的动与静，精神的兴奋抑制，喜、怒、哀、乐、个性等，这是"神"之调节与控制功能所至。"神"可以调节人体阴阳，而调节阴阳就是调节人体生命物质运动之平衡。《灵枢·天年》曰："失神者死，得神者生。"由此可见，生命的维持还依赖于"神"的健康，"神"是生命存在之保证。《素问·灵兰秘典论》曰："心者，君主之官也，神明出焉。""艺高人胆大"是中国一句人尽皆知，而且颇有哲理性的谚语，"艺高"体现其精气神之充实，身体之健壮。其精气神的充实，不但表现在五脏六腑之外荣，而且思维敏捷，智慧过人，举重若轻，有泰山崩于前而色不变之气概。

三、能量流与脏腑、经络之气之关系

人体除了"元气""宗气""营气""卫气"之外，脏腑之气和经络之气同样是构成脏腑和经络的基本物质，是脏腑和经络的灵魂，它们相互联系，互为表里。这些经络在人体解剖中用肉眼是看不到的，但是它们凝聚着中华民族几千年的大智慧。脏腑之气和经络之气，像一条条特殊的能量运输网络而布散

心悟锤

全身，并且各自发挥其能量运输之使命，从而充实五脏六腑，以至资助着人体的正常生命活动。每一条经络运输线都有其起点和止点。如：手厥阴心包经，起于胸中，出于心包络，向下穿过膈肌，络于上、中、下三焦。其分支从胸中分出，出胁部当腋下三寸处之天池穴，向上至腋窝下，沿上肢内侧中线入肘，过腕部，入掌中，沿中指桡侧至下端中冲穴。另一分支从掌中分出，沿无名指侧端行，其经气于关冲穴与手少阳三焦经相接，这条经络上的每一个穴位就是经络线上的站点。这些经络线上的特殊能量只能维持人体各组织器官的阴阳平衡，如果按照一定的（传统）程序和特殊（传统）方法呼吸修炼，就能增强经络运输之能量。这种呼吸修炼之法则，就是中华武术的传统内丹修炼之道法——气功（古人称其为"导引""吐纳""胎息"）。

经络系统分为"经脉"和"经络"。经脉包括：十二经脉、奇经八脉、十二经别、十二经筋、十二皮部。十二经脉又包括手三阴经（即手太阴肺经、手厥阴心包经、手少阴心经），手三阳经（即手阳明大肠经、手少阳三焦经、手太阳小肠经），足三阴经（即足太阴脾经、足厥阴肝经、足少阴肾经），足三阳经（即足阳明胃经、足少阳胆经、足太阳膀胱经）。奇经八脉包括：督脉、任脉、冲脉、带脉、阴维脉、阳维脉、阴跷脉、阳跷脉。十二经别、十二经筋、十二皮部包括在十二经脉的附属部分。络脉包括：十五络脉，以及孙络、浮络等。这些经脉和络脉各司其职，相互关联。当人体受到风寒湿邪之侵袭，并致其阴阳失衡，气血不畅从而造成脏腑功能失调，以致产生疾病时，这些经络运输线的相关部位就会出现"阻塞"，从而导致所有经络运输线之"失衡"。这种"失衡"只能在经脉"阻塞"解除后，人体功能才会逐步地恢复正常。而解除这种"阻塞"所依赖的，就是被激发了的脏腑之气和经络之气的能量。千百年来的实践证明，这种被激发了的能量对于调整人体机能确实产生许多神奇效果。《灵枢·经脉》曰："经脉者，所以能决生死，处百病，调虚实，不可不通。"所以，人体经脉的平衡与通畅是人体健康之根本。

四、"子午流注"与养生、治病之关系

中医经络学，作为中华民族传统文化的一个十分重要的组成部分，有着极为悠久而神奇之历史。而"子午流注"学科，则是中医经络学中的经典，其理

论基础早在两千多年前的诸多古医经典中就已经形成确立并奠定。

《素问·六微旨大论》曰："天气始于甲，地气始于子，子甲相合，命曰岁立，谨候其时，气可与期。"《灵枢·卫气行》曰："分有多少，日有长短，春秋冬夏，各有分理。然后常以平旦为纪，以夜尽为始。……谨候其时，病可与期，失时反候者，百病不治。"明代，徐凤所著《针灸大全》曰："刚柔相配，阴阳结合，气血循环，时穴开阖。"古代先贤圣哲们在其漫长的医疗实践中，探索出人体气血经络，顺应子、午、卯、酉，昼夜朝夕之运转规律现象。即根据太阳与地球之旋转变化的位置不同，其所产生的引力亦不同，从而总结出治病、养生"天人相应"之道法。如月亮初生时，血气开始流行，卫气开始畅行。月亮正圆时，血气充实并肌肉坚强。由于时辰在变，因而不同的经脉在不同的时辰也有兴衰。中医古哲学主张："天人合一，道法自然。"对此，国学大师季羡林认为："天就是自然，人就是人类，合一就是相互理解，结成友谊。"两千多年前的古圣贤们对于天、地、人三者之间的关系协调以无比之大之智慧，潜心探究出富有其独特见地的自然科学理论：人生活于天地之间，而天、地、人三者则各有其道，并且相互对应、相互联系，可谓休戚相关。如果人类能够遵循大自然的客观发展规律，整个世界将是阳光明媚的崭新天地，这就是"道法自然"之必然。因为天之道能始万物，始万物因其天曰阴阳，有了阴与阳，世界才会有春夏秋冬之四季，因此万物才有了天道有序的生长基本环境，孤阴不生，独阳不长，即"阴不离阳，阳不离阴，阴阳接而变化起"，故此，天成就了"始万物"，所以说万物始于天。地之道能生万物，因为生万物在于地曰刚柔，山川湖海之刚柔，具备了生万物的自然环境，而万物生长的美好大自然，为人类提供了生活、繁衍、生息之不可缺失的基本环境，故天地合而万物生，《内经·阴阳应象大论》曰："阴阳者，天地之道也，万物之纲纪，变化之父母，生杀之本始，神明之府也。治病必求于本。"人之道能成万物，因为，拥有无比智慧的人类，其本性即充满着仁义之胸怀，只有充满无比智慧与仁义的人类，才能十分理性而科学地珍视大自然的客观发展规律，从而推动历史不断前进，以至使人类无尽地享受着风调雨顺所带来的五谷丰登、百花斗艳之气象万千。正如老子所云："人法地，地法天，天法道，道法自然。"

道家认为："天是自然，人则是大自然的一部分。"即天地是一个大宇宙，

心悟锤

人则是一个小宇宙。从本质上看大小宇宙是相通的，即天有四季，人有四肢。四季中包含有二十四个节气，而人体脊椎则由二十四节椎骨所组成（不包含腰底椎和尾骨）。每天有十二个时辰，人体却有十二条经脉，故此把人的脏腑在十二个时辰的兴衰联系起来，并且与天干、地支、阴阳五行、花甲环周之岁次有机地相互综合运用。气血应时而至为盛，过时而去为衰，逢时而开，过时为阖，因人施治，因时施治，辨证施治，泄则乘其盛，即经所谓刺实者刺其来；补者随其去，即经所谓刺虚者刺其去，刺其来迎而夺之，刺其去随而济之。以此而获取最佳疗效和最佳养生效果。按照这个法则点穴治病和养生就叫"子午流注疗法"。因此"子午流注疗法"是经络学之最高境界，并且深受历代医家所青睐。西方人怀着玄乎之心态称其为"生物钟"学说中的"时间医学"，是中华民族极为宝贵之古医文化遗产。

　　吾在长时期临床实践"子午流注"之法则，并将其与医疗、养生有机地相结合时，其神奇之处，不得不深为祖国古医文化之博大精深而钦佩不已。古医文化之玄妙，在于能解决许多让现代医学束手无策的难题，能给那些长时期在逆境中挣扎的患者，带来新生活的希望和久违的愉悦，并且让他们能够深刻领略到祖国传统医学的神奇。"子午流注"善于治疗疑难杂症和特殊的禁药性、抗药性、耐药性之患者群体，历代的临床实践证明其疗效十分显著，应用科目极为广泛且无副作用，并且能让患者在轻松舒适的氛围中享受治疗顽疾的效果，因此颇让广大患者乐于接受。"子午流注"是一门整体观的全科医疗及非常科学而充满大智慧的修身、养生之传统道法：有病即能医病，无病亦可养生。长时间的实践证明，修炼"心悟锤"时，如能和"子午流注"经络学之法理有机地结合起来，其修养心身之效果尤为显著。几千年前古人倡导医治未病，就是今天现代人所追求的"修身""养生"之道法，将各种疾病隐患消灭于萌芽状态之中的最佳法则就是智慧"修身"和"养生"。《素问·阴阳应象大论篇》曰："能知七损八益，则两者可调，不知用此，则早衰之节也。"故曰："知之则强，不知则老，故同出而名异耳，智者察同，愚者察异，愚者不足，智者有余，有余则耳目聪明，身体轻强，老者复壮，壮者益治。"

五 、五输穴与治病养生之关系

"上工治未病"之方法颇多，如：现代医学所开创的疫苗、预防药物的实施，以及传统的家喻户晓的空气杀菌，等等。千百年来的实践证明，最便捷、最廉价、最环保之方法，还是智慧而科学地利用人类取之不尽并赖以生存的最基本物质——空气，从而达到增强人体免疫功能，抵御外邪不至：即按照一定的（传统）方式，吐纳清新空气，并且取得名副其实的智慧养生的效果，是已经被数千年历史印证了的祛病延年之道法。古人云："气是添年药，心是使气神，能知神气祖，便是得道人。"巧妙地吐纳空气，灵活地结合修炼者其自身之身体状况，辩证运用并且有机地结合中医经络学，以及井、荥、输、经、合与阴阳五行学说，潜心修炼，才能使人形体不敝，精神不散而益寿延年。道家充满自信哲理之内丹学认为："一粒金丹吞入腹，始知我命不由天。"《孔子家语·执辔》云：食气者，神明而寿。

智慧养生，就是根据习练者的身体状况，在修炼内功时，将其手足三阴经、三阳经反复智慧而科学地加以理顺，然而要智慧科学地理顺其经络，务必首先充分明了井、荥、输、经、合五输穴的特殊医疗作用，进而辨证施治是非常重要的。《灵枢·九针十二原》指出："所出为井，所留为荥，所注为输，所引为经，所入为合，二十七气所引，皆在五输也。"

五输穴与阴阳五行相配，即阴经属性是：井穴（木）、荥穴（火）、输穴（土）、经穴（金）、合穴（水）。阳经属性是：井穴（金）、荥穴（水）、输穴（木）、经穴（火）、合穴（土）。五输穴从四肢末端向肘、膝方向依次排列。井，为脉气发出之地，像泉水之源，故称井穴。病在脏者取之井，如心烦、胸闷、心悸以及身体出现发热等症状。在修炼"心悟锤"时，可意引其相关之井穴。井穴分布在指或趾之末端，如中冲穴，为手厥阴心包经之井穴。如心脏有异常症状者，在修炼"心悟锤"时可遵循：气入丹田，呼气时其意炁可沿手厥阴心包经，循经引入中冲穴。通过吐纳，从而达到理顺手厥阴心包经之目的，随着手厥阴经的反复调理，其心包经之经气日益充盈，因此促进了血液循环，以至达到血归包络并激发其心脏充满新的活力，因为气为血之帅。荥穴，为脉气经过的地方，像刚从泉眼里冒出的细水流，故称为荥穴。如口腔溃疡、淋巴结肿大，修炼者在练拳时可守住相关之荥穴。荥穴分布于掌指或跖趾关节之前端位，例

心悟锤

如：然谷穴为足少阴肾经之荥穴，患有耳鸣、头晕、腰膝力乏者，练功时可依顺足少阴肾经之走向，意引至然谷之荥穴，经过日积月累，其肾气渐已充实，从而取得了肾气足而百病除之效果，因为精从足下起。输穴，是脉气灌注之地方，如同水流逐渐在深处汇合，故称之为输穴。输穴分布于掌指或跖趾关节之后。输穴是十二正经元气出入之关口，是人体元气经过和留止之部位。如太渊穴是手太阴肺经之输穴。若呼吸道不畅，肺气亏虚或颈椎退变而伴有异常者，练拳时可意引太渊穴，意守太渊穴可补充手太阴肺经之肺气。百脉朝肺，只有扶正固本，固本方能培元，培元方能气壮，气壮则康。经穴，为脉气运行的地方，好像大水流快速地流过一样，宽大畅通，故称经穴。经穴多位于腕踝关节以上，其经气盛大流行。例如阳溪穴是手阳明大肠经之经穴，如肠道失常（便秘、慢性腹泻等）者，在练拳时可意守阳溪穴，若每日早晨八时左右练功的效果尤佳。合穴为脉气注入之地，像百川汇聚在一起注入大海，故称之为合穴。合穴位于肘关节、膝关节附近，其经气充盛合入脏腑。《灵枢·邪气脏腑病形》曰："荥输治外经，合治内府。"如消化系统常有不适者，练拳时可意守足阳明胃经之足三里这个长寿穴，因为得谷者昌，失谷者亡。每天早晨八时许，为消化系统失常者之最佳修炼时辰。若胆囊、泌尿系统不适者，练拳时可意守足少阳胆经之阳陵泉穴，也可以意守足太阳膀胱经之委中穴。

结合经络学的医疗功能，特别是"子午流注"的神奇医疗功能，而修身、养生将古医文化的宝贵资源因时而异，因地而异，因人而异，恰到好处地借鉴到修身、养生之课题上，这才是名副其实之智慧养生。古圣贤庄子倡导："呼吸吐纳，熊经鸟伸，为寿而矣。""心悟锤"在其套路创编时以及于该套路的修炼中，不但注重防身自卫和实战技艺之法则，而且十分重视智慧养生——因为在中华悠久的武林历史长河中，有多少侠客奇士虽然武艺高超，然而却英年早逝，这些武林精英还未曾归纳总结其呕心沥血而来之不易的武学之玄奥，就匆匆地告别了其执着追求和十分眷恋的中华武学世界，真可谓惜哉、痛哉！历史经验需要人们认真而科学地不断积累，历史之教训，更应务必不断深刻地反思与吸取。

《素问·宝命全形论》强调："天覆地载，万物悉备，莫贵于人。人以天地之气生，四时之法成。"为此，《心悟锤》既要总结中华传统武术各家所长之实战技艺之道法，更要注重智慧养生之根本。特别是现代社会的今天，随着高端科技日新月异之发展，人类生活的水准在不断提高的同时，人体功能却相应地有所退化，这就是现代人务必注重智慧养生之大势所趋。长时期的实践说明，智慧养生有益于功力之筑实，功力之充实和日益积累更有益于精气神的充盈，两者之间相互关联，绝非矛盾。当然，所有这些都务必建立在科学修炼，智慧养生之基础上与天地精神相往来。

六、"心悟锤"根之于心

中医经络学绝非局限于中医学之范畴。纵观中华武术的形成和发展之悠久历史，不论其实践与理论，追根溯源同样起源于中医经络学。龙奉武先生在所撰编的"放松歌"中要求："任督冲带两为桥，气运全身找感觉"以及"从医入道，道以医显""拳起于易，理成于医"等。这些练功习武之要诀和指导理论，将中医经络学和中华武术，无形之中都十分紧密地联系了起来，因此，要修炼好"心悟锤"务必首先学懂学透中医经络学。

"心悟锤"根之于心，即在于练拳站桩时力求专心，惟有专心、专意才是修炼功夫之根本，也因此有了顺随专一之良好开端。如果心猿不定，意马四驰，就完全违背了龙奉武先生所主张的"以心行气要顺随，静在放松专一中"之古训，专心专意乃潜心诚意也。武圣祖张三丰云："人心即除，则天心来复，人欲既静，则天理常存。"因此心为一身之主，正意沉心，意诚心正，故专心专意是习拳练功之内部环境，而练功场地的清静则是操练功夫之外部环境，外部环境之清静舒适、心旷神怡即有益于内部环境之顺随安舒，神舒体静刻刻在心，只有内部环境之畅舒安逸，才能获取实实在在之专一清修之效果。

为了达到内守专一之境界，操练拳脚前务必专心站桩吐纳数分钟，用以调理肌肤、筋骨、意念、呼吸、等等，以至全神贯注，从而促进全身内外完全放松。在放松之课题上，历代武林尊师均力求不但全身要放松，而且务必"松净"。何谓"松净"？龙奉武先生云："肌肉松兮，筋骨松，意气松兮，实为君。"由此可见松净之妙谛，并非局限在肌肉之松弛，而且乃至毛发、筋骨、意念、呼吸、等等，均务必全部处于放松之状态，这才是"松净"之开端。要做到着实之松净，必须有条件之"松"。何谓有条件之"松"？即松而不坠也。龙奉

心悟锤

武先生倡导："松中之紧是真紧，紧中之松是真松。"实践证明，当身体处于放松状态下，稍用意将脊椎两端上拔、下沉，同时稍用意肩沉肘坠（成意念牵引之势态），人体处于既放松而又稍绷一丁点之状态（用意而非用力），此时体内之炁感，即有立竿见影之充盈效果，故此也印证了道家"天人合一，道法自然"的性命双修之道法，既古老又科学之哲学思想。因为人体生活于天地之间，得金、木、水、火、土五行之秀，具足其刚阳之正气，顺应其导引之道法，从而全大、小宇宙交融于一体，以至资助人体接纳天地之灵气，入丹田而通经脉，终至精、炁、神鼓荡充实而健脏腑，强筋骨。千百年来华夏医武文化之精髓告诉世人，正确地持守"天人合一，道法自然"之法则，则辟邪不至，长生久视，功夫即水到渠成。圣祖张三丰云："道法旁门有万千，不知火候总徒然，先穷妙理将真悟，后拜名师把诀传，欲使三家精意合，只凭一点道心坚，朝朝锻炼精神炁，结就真神上九天。"

"心悟锤"根之于心，只因"心为一身之君主，……脏腑百骸，惟所是命，聪明智慧，莫不由之。"（张景岳注）故此，养心方能定性，心性相接，神炁相交不但为内修亦为外练筑实了根基，而外练则是在内修之扎实基础上，顺随内炁之引导，并以腰胯为主导，及各肢体关节之间高度协调统一所产生的整体之功力。所以，衡量习武者功夫之深浅，主要视其身躯和诸关节，以及拳脚所击发之劲力是否形成为整劲。何谓整劲？即无形之精神和有形之肢体的充分协调，以及高度之统一方能形成整劲。无形之精神实乃为体内以精气神为基础之能量流，只有内丹之能量与肢体之充分协调统一，方能形成超常之爆发劲，这就是武林中之行活——"整劲"。如"心悟锤"中之左炮拳，当左拳击出前，左脚在前，右脚于后，全身放松，炁归丹田，炁意促使尾闾下沉，泥丸宫上引，成虚灵顶颈之势，丹田之炁发出之瞬间，右足跟即刻蹬地，顺随着右足跟与地面之反作用力，内丹之炁即传导至右环跳位，并促使内炁之能量与反作用力之统一，同时传导至腰胯、脊柱、左臂而直达左拳面，其意动势随，节节贯穿，意到炁到，炁到劲到，势随神移，右拳如离弦之箭，一气呵成。故拳谚云："整劲义何解？如水负舟行，先实内丹炁，次紧顶头悬，全身弹簧力，开合一定间，任有千斤重，漂浮亦不难。"

"心悟锤"集多家所长而内修外练，究其根本，即遵循修真悟道之法理，因此，故务求：悟出真心，悟出道心，悟出真理，以至能悟道益宏，万法归一而随心所欲，即水到渠成。

七、"心悟锤"之内修外练

中华武术门派林立，各有所长，不论内外拳法，皆视其内功修炼水平之高低为圭臬，内功修炼则分为静功和动功。静功以站桩、打坐为主，肢体活动其幅度有限，而其外观看似较为简单，但是其内在修炼之道法，则无不贯穿着对立统一的古哲学思想，其奥妙无穷。动功修炼则千姿百态，并且包含着内外家拳法之套路操练。"心悟锤"之套路操练，就是静功与动功之综合而统一的修炼。"心悟锤"修炼时的呼吸方式为自然呼吸，运动时务必嘴唇微闭，牙齿轻阖，虚灵顶颈，收肛实腹，尾颅中正。呼吸与肢体活动要充分协调统一，并且务必始终自然而然，即行随气引，相依相随，切忌身体其内外牵强附会。在操练中，对于初学者在形、气相依之课题上，务必因人而异，因势而异；在套路修炼中，原则上以肢体上拔时吸气，肢体下沉时呼气，蓄势时吸气，发势时呼气。如此一吸一呼，一合一开，正如龙奉武先生所云："一吸百脉皆合，一呼百脉皆开。"肢体顺随着吸与呼而舒展圆活、吞吐沉浮、随心所欲，内丹之炁在引导其肢体旋舞圆动中，而内外相应，即凸显出更为充实之涌动，它们内外依存，相互协调，既陶醉在内丹腾发之炁之享受中，又沉浸在翩翩旋舞而缠绵之炁场里；既感受到古哲学之内涵，又领略到诗情画意般之意境，逍遥自在，心旷神怡。唯有此时此刻才能领会到武林先哲们所主张之"拿住丹田练内功，哼哈二气妙无穷"之深刻寓意，以及与天地精神相往来之舒畅心境。

要促进提高练拳之效果，务必以腰柱为中心。"立如平准，活似车轮。"何谓"立如平准"？"立如平准"就是在操练拳架时，在动态状况下之前进、后退、左顾、右盼，以及吞吐沉浮均力求肢体中心，始终保持充分平衡而中正稳实，全身上下其动作务必协调而均匀，并且步法轻巧灵活，行如灵猫，雀跃转跳，如履薄冰。正如王宗岳《十三势行功歌》所云："尾闾中正神贯顶，满身轻利顶头悬。"何谓"活似车轮"？即在立如平准之基础上，膝踝、腰胯、胸肋、肩臂、肘腕等全身上下之活动关节或微动关节，务必最大限度之轻灵圆活，犹如万向轴承，为捶打擒拿，逃躲抽撤筑固了坚实之基础，在诸关节各自圆活

之基础上，务求各关节之间相互充分协调，高度统一，并且促使各关节之间环环相扣，节节贯穿，以至在行拳走架之操练中形成蠕动劲，惟有蠕动劲之形成，才能具备四两拨千斤的基本条件之一。

　　传统武术套路之操练，都不能忽视该套路中的优秀实用散手动作之反复单操。"心悟锤"则更应如此。因为，"心悟锤"是集多家所长，并且与我在长时期的实践中所发现的实用性较强之散手动作，以及也不乏诸多"导引"之法，贯串而成，可谓取精用弘。要修炼好"心悟锤"不但要揣摩套路中的实战用途，更重要的是将那些战术性之经典散手动作，不厌其烦地反复单操，历经千锤百炼，才能得心应手。只有将各种实用之散手动作单操至一种本能反应时，方能达到临危不乱，克敌制胜之最佳境界。同时单个之散手动作如单操得滚瓜烂熟，亦有益于在整个套路操练时，有助于诸组合动作相互之间的衔接，以至其更为流畅、圆活而完美。

八、"心悟锤"与阴阳辩证

　　阴阳学是中华传统武术之灵魂，其基本精神就是唯物辩证法。"心悟锤"从始至终皆在辩证法里旋舞圆动，在阴阳学中吞吐沉浮，伸拳踢腿时阴阳无处不在，刚柔相济中对立无不统一，要修炼好"心悟锤"务必在行功练拳时深刻体会阴阳，在套路操练中潜心寻求统一。"心悟锤"中之阴阳包括虚实、动静、正反、蓄发、刚柔，等等，如虚、静、反、屈、蓄、柔为阴；实、动、正、发、刚为阳。例如：蓄与发，就包含了矛盾之统一。因为没有蓄就不会有发，没有蓄就不可能激发内丹之炁之内转和鼓荡，没有内炁之鼓荡和充盈，发势之进攻就会散软而力乏。正如《王宗岳十三式行功歌》所云："腹内松静气腾然。"同样就刚柔相济而言，因为柔松是内丹之炁形成之不可缺失的基本环境，有了良好之内部环境，内炁才能充盈鼓荡，因此才能产生雷霆万钧之能量，因法而用，知法懂劲。武林先哲们富有哲理之经典名言不无道理，正如荀子所云："天地合万物生，阴阳接而变化起。"古圣人在两千多年前所主张之科学观，仍然被数字信息社会的今天所驰誉，所铭佩。

　　在"心悟锤"的操练中，其吞吐沉浮，举手投足，刚柔伸屈，人体即自然有了阴阳对立统一之变化，这种变化自然而然地成就了内炁之充实，人体能量的形成直至充盈和运用，就是阴阳对立统一之必然结果。例如"心悟锤"甲路第十一式"指东击西"之组合动作，就是阴阳对立而统一之具体表现：正马步，左手臂伸肘并向左侧前伸，其掌心向下。右手臂向右屈肘以至右掌于胸前，其掌心向下。随后腰胯渐稍右旋即渐向左旋转，重心同时顺随其势渐移向左脚，而至左脚随之向前屈膝，右脚于后同时渐向前伸膝，而成左弓步。双手臂即同时顺随腰胯而动，右手臂屈肘而至其手掌于胸前，经下腹渐向前伸肘并小臂外旋，以至右手臂前伸至左膝前上方，其手臂稍高于肩，掌心向上。左手臂于前伸，同时顺随其势渐向后屈肘并小臂外旋，以至其手掌收于腰左，其掌心向上。成左拗弓步，右手臂穿掌之式。随即腰胯渐向右旋转，重心随之后移并平衡于双脚之间，双膝即下屈，成左侧马步。左手臂屈肘至其手掌于腰左，同时顺随其势渐从下向上而斜前伸，其掌平额，掌心向上。右手臂于前伸，同时顺随其势而小臂渐内旋并向后屈肘，以至其掌收于右腹前，掌心向下。如此顺随其腰胯为轴心，手足于上下而旋动，气随意引，形于气随，行气相依，丹田内转。当右手臂旋屈至右腹部位，左手臂前伸，并掌心向上，经过内丹之阴阳反复对立循环，其高度统一之炁势顺应而生，丹田其能量随意而发，瞬间右脚蹬地其炁劲即刻转至腰胯、右肩臂、右肘腕直至右拳面。九曲连珠，节节贯穿以至形成左拗弓步，右炮拳。右炮拳后，顺随其反作用力，其腰胯而迅疾向右后旋转，右肘随其炁势即向右后屈肘，以至再次爆发右倒肘向右后攻击之势。前炮拳势如奔雷，后倒肘锐似利剑。纵观前后之组合动作，飘若浮云，矫似惊龙，阴阳顺逆其妙无穷，正如拳经所云："阴不离阳，阳不离阴，方为懂劲。""懂劲后愈练愈精，默识揣摩渐至从所欲。"因此修炼"心悟锤"，"若能了达阴阳理，天地都在一掌中。"

九、"心悟锤"之步型步法

传统武术中之步型、步法和武术中的身法、手法同样重要而不可忽视，故武林中有"法门以步为先"之说。《拳经问答歌诀》云："凡与人对敌时，身法带缩，腰法带弯，偷步宜快宜活。"由此可见步型、步法在武术中的重要性。传统武术套路中的步型、步法除常见常用的传统基本步型步法如马步、弓步、仆步、后插步，等等，还有诸多风格独具之战略性和战术性之步型步法，如"八

卦掌"中的八卦步法，是以八卦图中乾、坤、坎、离、巽、震、艮、兑八个方位，即东、西、南、北、西南、西北、东南、东北，以此八个方位而形成的一个圆形。操练者按照其独特方式和有关法则在圆形边缘反复操练，既有内练功劲之战略性，同时也具有协调身法、手法、步法其统一之战术性，所以步型步法在套路操练中至关重要，在对抗技击时显得举足轻重。灵活精熟之步型可以协调上下，敏捷扎实之步法可以左右全身，正如《太极拳论》所云："一举动，周身具有轻灵"。因此，灵活自如、随机应变之步型步法与身法手法的充分协调和高度统一，即能达到《太极拳论》中所主张"动急则急应，动缓则缓随"之境界。

"心悟锤"套路中之步型、步法除了传统武术中的基本步型步法外，为了使整个套路中的前进、后退、左躲、右闪相互衔接而连贯自如，以及便捷实用，则以斜插步为主体。斜插步不仅在套路中能灵活地连接前后左右，在实战技击中确能机动多变，并且可以出其不意而迅速地斜插至对手之侧后位，以至能打破其平衡，乱其阵脚，从而取得出奇制胜之效果。正如《拳经总歌》所云："佯输诈走谁云败，引诱回冲得胜归。"要操练好"心悟锤"，务必先习练好斜插步。斜插步的操练方法如下：双足平行，其相距稍宽于肩，双膝微屈而立，虚灵顶颈，气沉丹田，并沉肩坠肘，其举动务必顺随呼吸而动。首先吸气时，意引泥丸宫稍上拔，尾闾稍下沉，并中正自然。呼气时，左脚顺随意气即渐稍提膝，伸踝而经右踝内侧，并随即向左肩前方渐斜进而上一步，其足跟先着地，足尖上翘，随即吸气、并气引颈顶，尾沉，成左虚步之势。不停，呼气时右脚重心前移至左脚，其左膝于前即顺随其势而渐前屈，以至左足前掌渐着地，右脚于后随之向前渐伸膝，成左弓步。不停，吸气时虚灵顶颈，尾闾下沉，随即呼气，右脚于后渐稍提膝，伸踝，经左踝内侧即渐向前稍右而进一步，其足跟先着地，足尖上翘，成右虚步。不停，重心于左脚渐移向右脚，右脚随势而向前渐屈膝，其右足前掌随势而渐着地，左脚于后随之渐向前伸膝，成右弓步之势，如此左右重复操练。斜插步后退之法则与前进之法则其线路相似，但方向各异，如右弓步之势：右弓步，首先吸气时虚灵顶颈，尾闾下沉，随即呼气时重心于右脚随呼吸渐移至左脚，右脚于前随势渐向后伸膝，而至其足跟着地，脚尖上翘，左脚于后顺随其势而渐向下屈膝，成右虚步。随即吸气，颈顶尾沉，中正自然。不停，随吸气，右脚渐稍提膝，伸踝，其足尖经左踝内侧而渐向右后退一步，退步时右足尖先着地，随后重心于左脚渐移至右脚，右足前掌顺随其重心而渐后移，以至右足跟着地，并向前伸膝，左脚于前随之渐向前稍屈膝，成左弓步之式。左右后退法则即如此重复操练，加之如前所述之斜插步之前进之法则，均为筑基之功法。同时斜插步在前进，后退操练时，务必全身放松，步随气引，意气下沉，步履进退，轻巧自如，行于灵猫，均匀平衡，如履薄冰。迈步时力求慢、轻、匀、稳，并在动态状况之下而善始善终，立身中正自然而然。如能持之以恒循守锤炼之法则，就能将下盘功底锤炼得稳如磐石。在操练斜插步的同时，同样不可忽视其他步型步法之修炼，能将所掌握的步型步法操练得灵活自如，并能随机巧妙而灵活地综合运用，从而达到随心所欲之水准，即可在实战对抗时得心应手，在处置复杂之势态时，面对强手争雄方能泰然自若，化险为夷。锤炼出精熟之步型步法，并能恰如其分地协调好出神入化之散手动作，即可构成有一定能量的威慑之攻守功能。这是一名武术修炼者千辛万苦、锲而不舍之追求所在。

中华武术之悠久辉煌，是一个优秀民族勇于进取，善于总结，融汇贯通，不断精进，并且不断传承和发扬之必然。明代民族英雄戚继光主张："博纪广学，多算而胜。"并且在《纪效新书·拳经捷要篇》中云："既得艺，必试敌，切不可以胜负为愧为奇，当思何以胜之，何以败之，勉而久试，怯敌还是艺浅，善战必定艺精，古云，艺高人胆大，信不诬矣。"

十、"心悟锤"之实用击技

"心悟锤"的形成是聚集多家门派之经典，并且将我在长期实践和修炼中所发现的实用技艺，以及相关阴阳功法合璧珠联贯串而成。所以，"心悟锤"在击技中取精用弘，自成一体。正如李小龙先生所云："如果知识随着传统模式走，你就只能生存在传统的阴影下，了解的只是知识老路子，你并不了解你自己。"

传统武术的实用击技，其中心思想和主要手段就是全面防守与进攻。而全面攻守克敌制胜，主要有两种方式：一为主动出击，先发制人，故江湖有"进攻是最好之防守"一说。而另一种方式则是伺机而动，后发制人。"心悟锤"原则上偏重于伺机而动，因为在甲乙双方激烈之搏击对抗中，一旦开打，陌生的双方，毕竟均不知道对方技艺之深浅。孙子云："知己知彼，百战不殆。"

心悟锤

所以，为了稳中求胜，故善战者，应当在双方对抗过程中随机应变，伺机而动，经过短暂之接触，以至初步了解，掌握对方其心理和外形动作之习惯，以及功底之深浅，等等，从而尽快发现对方之破绽，适时把握战机并攻而胜之。《孙子兵法·军事篇》曰："以近待远，以逸待劳，此治力者也。"

在双方对抗实战中，若主动出击，先发制人，同样不能忽视谋略，切忌骄横，一旦出击，务必攻其两侧，其进攻之势应如暴风骤雨，在其高压之势态下，战术动作务求沉稳、准确、连贯、迅疾，切忌毫无目的地一味蛮攻，匹夫之勇切不可为之。古人云"拳打不知"，就是有的放矢而攻其不备，因此在激烈之对抗中，务必更好地隐蔽自己其攻击意图，不让对方有机可乘，为"拳打不知"创造条件，为此"露形"是搏击对抗中之大忌。何谓"露形"？即在攻击对方前之瞬间，其关节、肢体过于收缩、伸曲以及不恰当的眼神，等等，都可致以暴露出其攻击意图，此乃"露形"，不仅如此，"露形"之弊端亦可明显地阻碍其攻击速度，以至平时所操练之技艺，不能正常地发挥出来。"拳打分寸"实乃前人十分宝贵的经验之谈，所谓"分寸"就是恰到好处，"分寸"同于时间，"分寸"更是把握。在瞬息万变之搏击对抗中，其战机稍纵即逝，攻守之双方是以零点秒为计算单位。故古人有"快打慢，巧打拙"之谚语，所谓快与巧，即快中藏巧，巧中生快，快是巧之必然。深藏不露就是巧，有了这个巧才能暗藏杀机，把握主动，不动而已，一旦进攻即全力以赴，突击其要害和薄弱之部位，而致其大乱阵脚，从心理上给予对方以精神之震慑。故此，务必如武林儒侠龙奉武先生所云："腿脚交加，砍剁乱劈，封闭擒挪，荡阴叉喉，雀跃转跳，乾携坤随，柔如舞练，刚如倒杵，一击如奔雷，再击如浪涛盖地铺天，其身法变化之诡异，手法手段之刁钻匪夷所思。"在双方殊死之搏斗中，若从心理上赢得其优势，胜利即近在咫尺。

在实战击技中，心理素质良好与否同样至关重要。众所周知的著名成语——"急中生智"，就是在良好之心理状态下，临危不乱，沉着应对，方可绝处逢生，转危为安。有了良好之心理素质，方能具有旺盛而高昂之战斗意志，不战而已，愈战愈勇。一名优秀的武术修炼者，在实战击技中务必能善始善终，保持其头脑清醒，并且思维敏捷，攻守意识十分清晰，以至能充分地表现自我，而左右战局，在激烈空前之对抗中，不但能随机应变地发挥出平时所操练之技艺，而且能与其斗智斗勇，并临场突然发挥出新的技艺，这就是从表现自我到超越自我之升华过程。正如李小龙先生所云："创造武术的人要比任何已建立的各种武术体系重要得多，也更有价值。"

中华武术之神奇和奥博，在于其能从大自然的坚小石头，发展到能百步穿杨之箭弩，从原始森林中的树干进化到充满神奇的十八般兵器。千百年来一个智慧而勤奋之伟大民族，用冷兵器赢得了全世界的高度尊重：从大唐盛世到明代浩浩荡荡的郑和船队，昔日的威武之中华，丝毫也不逊色地称雄今日之美利坚，以及现代霸权们。中华武术的灿烂文化，为华夏民族的振兴和强盛，作出了举世瞩目的巨大贡献。中华儿女以过人之智慧和自强不息之精神，用一拳一脚，一撇一捺铸筑了中华民族之灿烂辉煌。随着历史的车轮跨入现代信息社会的今天，中华武术作为一种民族之精神，仍然方兴未艾，正是这种传统而坚韧不拔之精神，人民共和国才能在一穷二白之基础上，建立起以两弹一星为代表的钢铸之国防；正是这种古朴而智慧的勇往直前之精神，人民共和国迅速步入到世界公认之体育强国；也正是这种锲而不舍之精神，在中华武术的万紫千红中，又绽开了一朵倾注了二十余年之心血，精心培育出来的"心悟锤"。当那些身体处于亚健康状态的人们，顺随着"心悟锤"之韵律，吐纳着清新空气，进入内丹之氤腾发之境界时，当那些酷爱中华武术的人们踏着"心悟锤"之节拍，步入内丹山涧细而无声的溪流之美妙意境时，当那些不同肤色不同语言的人们，尽情地陶醉在中华传统医武文化祛病延年之玄妙中时，作为中华儿女的我们，怎能不为之愉悦、欣慰！怎能不为之骄傲、自豪！中华武林圣祖张三丰（1247—1458）希望："欲天下豪杰延年益寿，不徒作技艺之末也。"圣哲之希望正是中华民族崇高品德之所在，而今天，一个以龙为图腾的优秀民族，用厚德载物之广阔胸怀和自强不息之精神，为实现中华民族的崛起而忘我奋发，民殷国强的华夏民族必将屹立于世界民族之林，中国必将推进世界，世界必将礼誉中国，妆点此关山，今朝更好看，数风流人物，还看今朝。

中华武术的神奇和奥博

2015 年元月 13 日定稿于龙祥康复堂工作室 易仲祥、易帆

心
悟
锤

纳子法 24 分钟开合一穴表

脏腑	时辰	小时	1—24 分钟	24—48 分钟	48—72 分钟	72—96 分钟	96—120 分钟
胆	子	23/1	足窍阴	侠溪	临泣、丘墟	阳辅	阳陵泉
肝	丑	1/3	大敦	行间	太冲	中封	曲泉
肺	寅	3/5	少商	鱼际	太渊	经渠	尺泽
大肠	卯	5/7	商阳	二间	三间 合谷	阳溪	曲池
胃	辰	7/9	厉兑	内庭	陷谷 冲阳	解溪	足三里
脾	巳	9/11	隐白	大都	太白	商丘	阴陵泉
心	午	11/13	少冲	少府	神门	灵道	少海
小肠	未	13/15	少泽	前谷	后溪、腕骨	阳谷	小海
膀胱	申	15/17	至阴	通谷	京骨、束骨	昆仑	委中
肾	酉	17/19	涌泉	然谷	太溪	复溜	阴谷
心包	戌	19/21	中冲	劳宫	大陵	间使	曲泽
三焦	亥	21/23	关冲	液门	中渚、阳池	支沟	天井

干支配合六十环周表

甲子	乙丑	丙寅	丁卯	戊辰	己巳	庚午	辛未	壬申	癸酉
甲戌	乙亥	丙子	丁丑	戊寅	己卯	庚辰	辛巳	壬午	癸未
甲申	乙酉	丙戌	丁亥	戊子	己丑	庚寅	辛卯	壬辰	癸巳
甲午	乙未	丙申	丁酉	戊戌	己亥	庚子	辛丑	壬寅	癸卯
甲辰	乙巳	丙午	丁未	戊申	己酉	庚戌	辛亥	壬子	癸丑
甲寅	乙卯	丙辰	丁巳	戊午	己未	庚申	辛酉	壬戌	癸亥

五输穴与脏腑阴阳五行配合表

阳经六输						阳经六输					
五输穴／经脉	井金	荥水	输木	原	经火	合土	五输穴／经脉	井木	荥火	输土	经金	合水
胆木	足窍阴	侠溪	临泣	丘墟	阳辅	阳陵泉	肝木	大敦	行间	太冲	中封	曲泉
小肠火	少泽	前谷	后溪	腕骨	阳谷	小海	心火	少冲	少府	神门	灵道	少海
胃土	厉兑	内庭	陷谷	冲阳	解溪	足三里	脾土	隐白	大都	太白	商丘	阴陵泉
大肠金	商阳	二间	三间	合谷	阳溪	曲池	肺金	少商	鱼际	太渊	经渠	尺泽
膀胱水	至阴	通谷	束骨	京骨	昆仑	委中	肾水	涌泉	然谷	太溪	复溜	阴谷
三焦（君火）	关冲	液门	中渚	阳池	支沟	天井	心包（君火）	中冲	劳宫	大陵	间使	曲泽

心悟锤

子午流注要法歌诀

子午流注按时寻　　穴位潮汐就下针　　刚柔相配阴阳合

气血循环循时辰　　甲胆乙肝丙小肠　　丁心戊胃己脾乡

庚注大肠辛流肺　　壬至膀胱癸肾藏　　三焦为阳寄丁壬

心包为阴寄癸旁　　年月日时均按此　　用干为经用针忙

逐日开穴井为元　　井穴求法时辰连　　甲日甲戌窍阴穴

乙日乙酉大敦穴　　丙日丙申少泽穴　　丁日丁未少冲藏

戊日戊午厉兑井　　癸日癸亥涌泉量　　壬子关冲寄此中

癸酉中冲包络经　　逐日井穴明白了　　按时顺推心经开

阳日阳时开阳穴　　阴日阴时开阴穴　　阳日无阴阴无阳

针者必须记心怀　　阴日相见则为阖　　阖者为闭不开扬

若问此情如何当　　则此时辰同宗商　　甲己同宗能化土

乙庚同宗化金乡　　丙辛同宗则化水　　丁壬同宗木可畅

戊癸同宗化成火　　逢辰则化是根方　　时辰地支亦必合

否则阴阳难抵挡　　子丑相合寅亥合　　卯戌相合辰酉合

巳与申合午未合　　干支同宗找穴扎　　通过同宗有不开

夫妻子母都来协　　纳干纳支均可用　　任督二脉流注达

吾编要法留心神　　细细推寻没浪说

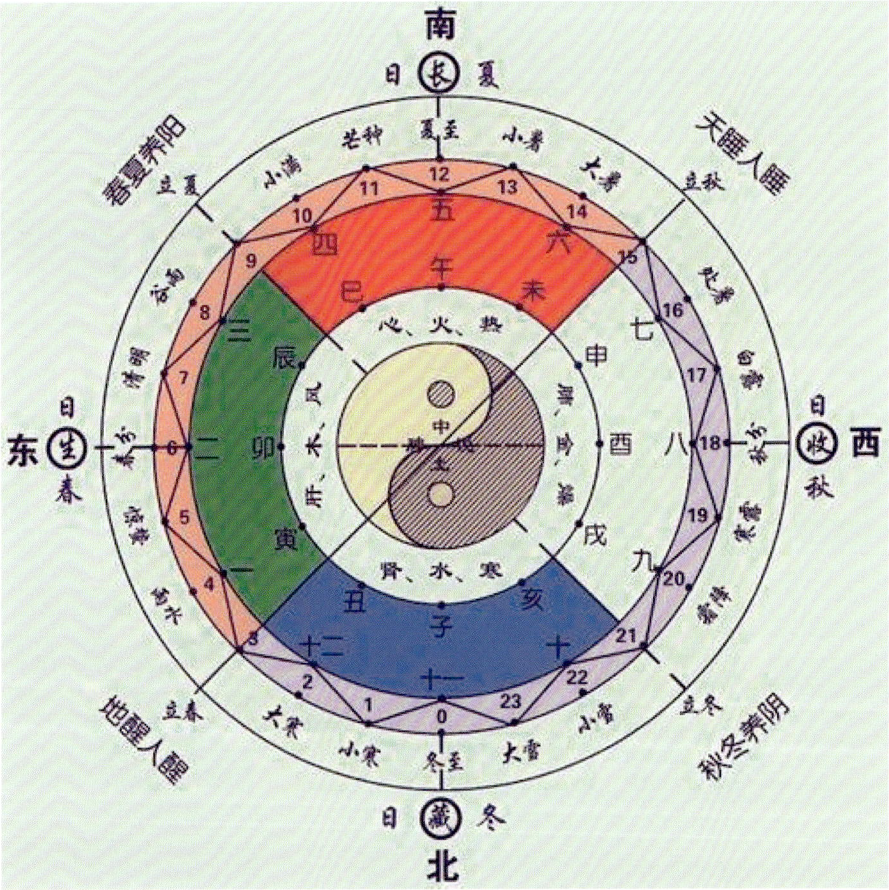

节气更替、万物荣衰 二十四节气养生图

第二章 > 心悟锤
甲路、乙路拳谱

一、"心悟锤"甲路六十四式拳谱

一、预备式、起式；

二、童子敬佛、要静心；

三、推窗望月、意开门；

四、吞吐沉浮、立身正；

五、虎视眈眈、肩坠沉；

六、和盘托出、左炮拳；

七、顺手牵羊、随身走；

八、二虎擘牙、守腰间；

九、随波逐浪、不丢顶；

十、仙人指路、怀抱月；

十一、指东击西、回身肘；

十二、雄狮戏球、腰土导；

十三、吞吐沉浮、立身正；

十四、虎视眈眈、守右式；

十五、君子敬酒、双掌出；

十六、大圣捧桃、尾闾正；

十七、关公抚须、顶头悬；

十八、拨云见日、狮张口；

十九、虎啸山林、意掌中；

二十、螳螂捕蝉、上下稳；

二十一、青云直上、上下随；

二十二、凌上虐下、左抛膝；

二十三、气吞山河、双推掌；

二十四、苏秦背剑、随身走；

二十五、声东击西、后蹬腿；

二十六、白鹤亮翅、左横蹬；

二十七、浑水摸鱼、双托印；

二十八、双管齐下、马步稳；

二十九、双龙出海、缠丝巧；

三十、霸王开弓、尾闾正；

三十一、旋乾转坤、牛角肘；

三十二、张弓射月、意回身；

三十三、随波逐浪、出盘肘；　　　　四十九、金鸡独立、正蹬腿；

三十四、饿虎捕食、双掌凶；　　　　五十、顺风使舵、右炮拳；

三十五、岩鹰展翅、出掛脚；　　　　五十一、搂膝拗步、随身走；

三十六、迎门捧手、右炮拳；　　　　五十二、擎天杵地、意上下；

三十七、绵里藏针、左蹬腿；　　　　五十三、青龙入海、意下沉；

三十八、双凤朝阳、手缠丝；　　　　五十四、盘龙卧虎、双铁扇；

三十九、擎天一柱、攻守倚；　　　　五十五、顺水推舟、双推掌；

四十、浪子捡财、攻下路；　　　　　五十六、单刀直入、明箭脚；

四十一、二郎担山、左单鞭；　　　　五十七、左冲右突、随身进；

四十二、稳如磐石、意下沉；　　　　五十八、拨山扛鼎、三体式；

四十三、吞天吐日、抱环宇；　　　　五十九、步步为营、出单掌；

四十四、顶天立地、意托天；　　　　六十、劈挂连环、斜挥手；

四十五、铁牛耕地、意下行（左式）　六十一、明枪暗箭、反撩阴；

四十六、二郎担山、回马鞭（左式）　六十二、劈头盖脸、劲整透；

四十七、铁牛耕地、形随气（右式）　六十三、双凤朝阳、旋中缠；

四十八、二郎担山、回马鞭（右式）　六十四、收式、定丹田。

2014 年 2 月 20 日完稿于龙祥康复堂工作室

二、"心悟锤"乙路六十式拳谱

一、预备式、起式；　　　　　　　　九、天翻地覆、腰胯劲；

二、童了敬佛、要静心；　　　　　　十、牛气冲天、双按掌；

三、推窗望月、意开门；　　　　　　十一、瞻前顾后、左炮拳；

四、意搏云天、外穿连；　　　　　　十二、灵猫捕鼠、架炮拳；

五、二郎担山、右至左；　　　　　　十三、二虎擘牙、左倒肘；

六、盘龙卧虎、右单鞭；　　　　　　十四、劈挂连环、右炮拳；

七、饿虎捕食、意双掌；　　　　　　十五、左右开弓、腰为轴；

八、随波逐浪、尾颅正；　　　　　　十六、虎虎生威、架勾拳；

心
悟
锤

十七、翻云覆雨、左倒肘；

十八、饿虎捕食、左炮拳；

十九、扬鞭跃马、右箭禅；

二十、盖地铺天、右砍掌；

二十一、顺其自圆、牛角拳；

二十二、顺水推舟、右炮拳；

二十三、拳脚相交、腰主宰；

二十四、风平浪静、出双掌；

二十五、英雄伏虎、马步稳；

二十六、金鸡独立、刀削竹；

二十七、翻江倒海、右踏掌；

二十八、白蛇吐信、连珠炮；

二十九、势如劈竹、回身劈；

三十、乌龙摆尾、下勾拳；

三十一、架打炮拳、随腰走；

三十二、双杵圆旋、左炮拳；

三十三、牛气冲天、转身正；

三十四、四平八稳、左平拳；

三十五、柱天踏地、意掌中；

三十六、翻江倒海、腰胯劲（左）；

三十七、捉虎擒蛟、左立掌；

三十八、翻江倒海、腰主宰（右）；

三十九、擒蛟捉虎、伏虎式；

四十、泰山压顶、指裆拳；

四十一、快刀削竹、随身走；

四十二、弓调马伏、右掌凶；

四十三、白鹤亮翅、左蹬腿；

四十四、穷追不舍、意转身；

四十五、擎天动地、腰胯旋；

四十六、以守为攻、双立掌；

四十七、左右逢"圆"、腰主导；

四十八、烈马悬蹄、右砍掌；

四十九、恨天无环、指裆拳；

五十、双凤朝阳、双按掌；

五十一、牛气冲天、转身正；

五十二、力劈华山、双铁扇；

五十三、双风贯耳、右蹬腿；

五十四、以退为进、双立掌；

五十五、拨云见日、双掌凶；

五十六、虎视眈眈、顶头悬；

五十七、大刀阔斧、右横拳；

五十八、拨草寻蛇、双臂旋；

五十九、金鸡独立、刀削竹；

六十、收式、定丹田。

2014 年 4 月 8 日完稿于龙祥康复堂工作室

第三章 > 心悟锤甲路 六十四式图解

　　操练"心悟锤"前，可多参阅第一章中的第七点："心悟锤之内修外练"，中华武术之传统拳法，要经历从习练到锤炼这一过程，即熟能生巧，巧能生精。古人倡导："拳打千遍身法自如。"若将其套路和单个实用的散手动作操练得出神入化，都离不开内修外练之道法，否则功夫难以筑实，技艺难以升华，充其量只能模仿出魂不附体，而有其形却无其实之空架子。若要将"心悟锤"修炼得炉火纯青，灵魂附体，势必循规蹈矩，并始终持守其精益求精之执着，有多少专一之汗水付出，必然有多少喜人之收获。

　　"心悟锤"之套路操练，从始至终力求采用低矮桩马（对于中老年习练者可因人而异，量其身体状况而为之），练拳前如能站桩数分钟，其练拳质量就能获得事半功倍之功效。同时练拳之起式在其方位的选择上也同样十分重要，因为人与大自然始终保持着高度之统一性，这就是"天人合一"之道法。在一般之情况下，练拳时其起式应首先面向南方较为稳妥，因为按照天干地支，阴阳五行之法则：南方属于丙丁之火，是阳气充足之方向，故面向南方操练套路，对于心脏和消化吸收功能的调整和促进，有其积极之效果。但是对于一般亚健康人群和患有其他疾病者，则需因人而异选择方向操练。以下图表，可供操练者根据其自身身体状况，选择其方位修炼：

天人合一养生一览表

五行	木	火	土	金	水
方向	东	南	中	西	北
天干	甲乙	丙丁	戊己	庚辛	壬癸
四季	春	夏	长夏	秋	冬
五化	生	长	化	收	藏
五脏	肝	心	脾	肺	肾
五腑	胆	小肠	胃	大肠	膀胱
五体	筋	脉	肉	皮	骨
五官	目	舌	口	鼻	耳

以上表格中所述练功之方位："东""南""中""西""北"，其"中"方位按照五行学说中属土，但是在演练套路时是没有"中"方的，为此修炼者在操练套路中可面向操练时有太阳照射方向，也可以面向西、南（南偏西45°）方向操练。如果修炼者在经过较长时期修炼，有了一定的基础，亦可平躺于草地上（面部向上），头部向东南方向（头部也可向着太阳照射方），修炼吐纳静功。

在《心悟锤》之图片和该套路所演示之影像中，为了便于读者和"心悟锤"初学者能够在套路习练中易于全身放松，作者在其拳照图片和影像中，其双掌形之手指是自然并稍收合的。如果操练者经过一段时间之修炼并且能使全身自然放松后，其双手手指可渐适度自然张开，尤其要注重双手大拇指在自然放松下尽量张开。因为双手拇指（桡侧）系手太阴肺经，该经络与双手示指之（桡侧）手阳明大肠经互为表里。大拇指的张开自然而然地会牵动示指的伸张。在此自然放松之手指张开状况下，演练"心悟锤"对于五脏六腑的养护不言而喻，尤其是对于肺气的宣发和通达更为明显。传统中医主张："脉气流经，经气归于肺，肺朝百脉，输精于皮毛，毛脉合精，行气于腑，腑精神明，留于四脏，气归于权衡，权衡以平，气口成寸，以决死生。"因此，随着吐纳养生之不断深入修炼，手太阴肺经之气的日益充盈和宣发，其肺经之气即能布散全身，内而脏腑，外而皮毛，布散卫气，调节腠理开合，煦泽皮毛肌肤抵御外邪，以至长生久视。

在"心悟锤"的套路练习中，要明了在整个套路中所涉及诸多步型、腿法，以及拳型、掌法之要领是非常重要的，特别是对于初学武术者来讲，尤为如此。

心
悟
锤

028

图 4-1

一、马步。马步有正、侧之分。正马步如图 4-1，具体要领是：双足平行，稍宽于肩（一般是等于或小于操练者本人其三个足的长度之和），双髋，双膝屈之，双膝前屈稍大于 90°，肛门稍高于双膝髌骨，尾闾中正，虚灵顶颈，双目平视前方，自然而然。

二、侧马步。如图 4-2，双足平行稍宽于肩，屈髋，双膝下屈稍大于 90°，肛门稍高于髌骨，虚灵顶颈，尾闾中正，侧身。鼻尖，膝尖，足尖，三尖为一线，目视前方，自然而然。

图 4-2

图 4-3

三、弓步。如图 4-3，前脚屈膝，其膝尖不得超过足尖，后脚向前伸直及前弓后箭，腰脊中正，前后两足严忌踩踏在同一条直线上，以至保持身体稳实和平衡。左膝屈之谓之左弓步，右膝屈之谓之右弓步，虚灵顶颈，自然而然。

四、虚步。如图4-4，后位之脚屈踝，屈膝，收臀，并尾颅中正、虚灵顶颈。前位之足跟着地，足尖上翘，所翘足尖务必与膝、鼻成直线，前后两足不能踩踏在同一条直线上。左脚于前谓之左虚步，右脚于前谓之右虚步。

图 4-4

图 4-5

五、仆步。如图4-5，双脚宽于肩直立，后脚屈髋，屈膝，屈踝至极限而实之，前脚屈髋，伸膝，侧屈踝而虚之，前后两足忌踩踏在同一条直线上，腰脊中正自然。右脚于前谓之右仆步，左脚于前谓之左仆步。

六、后插步。如图4-6，前面之脚屈膝，屈踝，后面之脚伸膝于前膝之后而斜交叉于前脚，前后两足忌踩踏在同一条直线上，立身中正自然，并虚灵顶颈。左脚于后谓之左插步，右脚于后谓之右插步。

图 4-6

忠悟锤

七、明箭腿。如图 4-7，又称箭弹腿，即一脚直立并稍含胸收腹、收臀，另一只脚提膝、伸踝至腹前而向胸前以膝关节为轴心而弹伸出，以至其伸膝、伸踝于胸前并立身中正，虚灵顶颈，自然而然。左脚直立谓之右明箭腿，右脚直立谓之左明箭腿。

图 4-7

图 4-8

八、蹬腿。如图 4-8，又称前蹬腿，即一脚直立稍含胸，收腹，收臀，另一脚提膝至极而伸踝，于胸前向前伸膝时屈踝，足跟向前，足尖内勾，足跟前蹬于胸前，务求始终保持立身中正、虚灵顶颈，自然而然。

九、横蹬腿。如图 4-9，即一脚直立而稍含胸收腹，收臀，另一脚屈髋，屈踝、提膝至胸前，并于腰侧横蹬至其侧上前方，其腿与地面平行，腰脊可适度倾斜，但务必始终保持重心平衡而稳实自然。各种腿法在操练时可踢高些，但在实战击技中可踢低些。

图 4-9

十、后蹬腿。如图4-10，其要领是：一脚微屈而立，另一脚屈髋，提膝至胸前并屈踝向身后蹬出，腹部稍内收，腰脊可适度前屈，但务求始终保持重心稳实平衡而自然。

图 4-10

图 4-11

十一、直拳。如图4-11，双手臂屈肘握拳于腰部两侧，拳心均向上，其中一侧手臂同时顺随腰胯而旋动，握拳内旋，并前伸，其手臂平于肩，同时与腰胯旋转后之胸背成一直线，拳心向下谓平拳，拳心向侧谓立拳，右拳直伸谓之右直拳，左拳前伸谓之左直拳。手臂前伸时务必手腕关节稍屈，因为腕关节稍屈能使掌骨、桡、尺骨形成一直线状，从而增加了腕关节承受能力，以至腕关节避免挫伤。

十二、横拳。如图4-12，双足平行稍宽于肩，双膝下屈，双手臂屈肘握拳丁腰之两侧，其拳心向上，以腰胯为轴心，其中一手臂握拳稍屈腕，并以肩关节为轴心其小臂内旋至拳心向下，于腰侧经额前，成弧形横扫至头额之另一侧前方，小腹稍内收，立身中正自然。

图 4-12

心悟锤

十三、下勾拳。如图 4-13，双脚于前后而立，双膝稍下屈，即握拳下垂于髋之侧，顺随腰胯之劲势，于下向上，小臂外旋至拳心向前，屈肘，屈腕，至中脘穴附近之前方位，拳心向上，并务求小腹稍内收，稍含胸，立身中正自然。

图 4-13

图 4-14

十四、单掌。如图 4-14，有正、侧之分，正单掌及手腕上屈，成立掌，掌心向前，谓之正单掌；侧单掌，即手腕成侧屈之状，小鱼际和小手指向前，掌心向侧面，成侧立掌。

十五、双掌。如图 4-15，其要求和要领如同单掌，不同之处，只为双手掌同时出击前伸而已。

上述步型、腿法和拳型、掌法之基本要求及要领，看似较为简单，然而基础知识往往是不可忽略的。摩天大楼能够高耸入云而岿然不动，源于其扎根在坚实之基础之中。中华传统武术之基本

图 4-15

功修炼，则更有其独到之处。龙奉武大师所编撰的《放松歌》云："立于风摆无根草，无根草兮是下空。"因此，一名武术修炼者要传承和弘扬中华传统武术文化，务必打下良好之基础，有了扎实的基本功，才算迈出了修炼成正果之第一步。

图 4-16

一、预备式，起式（面向南方）

🌙 **动作：** 双脚自然并拢，双膝微屈，双手臂自然下垂，双掌心自然向内，呼吸在自然而然之基础上稍细而长，齿轻阖，唇微闭，双目自然向前平视，虚灵顶颈，沉肩坠肘，稍含胸拔背，收肛实腹，并立身中正而自然（如图 4-16）。

🌙 **要领：** 预备式，起式是套路操练前的内外准备之极为重要程序，犹如四季之春，一日之晨。即通过自然呼吸，意守丹田，从而凝神调息至任督二脉松弛，阴阳平衡，安舒内守。为此套路操练前之预备式，可稍为用功调息，以至心不外驰，神不外游，情不妄动，并务求在整个套路操练中善始善终，切忌虎头蛇尾。

二、童子敬佛、要静心

🌙 **动作一**（向南，如图 4-17）：接上式，双脚并拢，双膝微屈，双手臂自然下垂于腰胯两侧，双手掌心均向内。不停，随呼吸，双膝渐下屈至极，重心渐下沉，双手臂于腰胯两侧下垂，同时顺随重心下沉之势而双小臂渐内旋，

图 4-17

以至双手掌心向后。不停，重心渐上拔，双膝渐上伸而直立。双手臂于下垂，
同时顺随重心上拔之势，而双小臂继续渐内旋而至双掌心向外。不停，重心下沉，
双膝下屈至极限。双手臂于下垂，同时顺随其下沉之势而继续内旋至极，并沉
肩坠肘。不停，随呼吸，重心于双足之间渐移至右足，左膝即渐稍提膝并伸踝，
其足跟随之渐离地面以至其足尖向下，并稍点地。不停，随呼吸，右脚稍下屈，
左足于右踝内侧渐向左横迈一步，稍宽于肩，其足尖先着地，重心随之渐左移
并稍下沉，以至左足跟着地，其重心并平衡于双足之间，双膝稍下屈。不停，
腰脊上拔以至双膝上伸而直立，双手臂于腰胯之两侧下垂，掌心均向外。随即
腰胯稍下沉，双膝随之而稍屈，双手臂于腰胯两侧下垂，同时顺随其下沉之势
而渐向上屈腕，以至双掌心均向下。不停，随呼吸，腰脊上拔，双脚随之向上
伸膝。不停，腰胯渐下沉至双膝渐下屈而成正马步，双手臂于腰胯两侧下垂，
同时顺随重心下沉之势而双小臂同时渐外旋，并以肩关节为轴心而继续伸肘，
而向两侧渐外展、伸腕，以至双手臂平肩而成一横直线，双掌心均向上。

图 4-18

动作二（向南，如图 4-18）：正马步，双手臂外展并均平于肩，双掌心均向上。不停，随呼吸，双手臂于左右两侧外展并继续伸肘，伸腕即以肩关节为轴心，同时渐向上成弧形上举至头顶，以至双掌心微合实。双膝于下屈，同时顺随重心上拔之势而渐向上伸膝而直立（以手带身）。成双脚直立，双手臂向上伸直，双掌合掌之式。不停，随呼吸，腰胯渐下沉至双膝渐下屈，成正马步（以身带手）。双手臂于上举合实，同时顺随腰胯下沉之势而渐向下屈肘，屈腕成双掌合十作揖拜佛之式，双手中指尖平眉额。

要领：当双踝、双膝下屈成正马步，双手臂于腰胯两侧随之外旋，外展而平于肩时，下肢之下屈和上肢之外展务必同时统一协调。当正马步，双手臂外展平肩时，务必尾颅中正，意引至双手尖。当双手臂上举并至重心同时上拔。双膝伸直时，务必以手带身，当腰胯下沉成正马步之式，双手臂于伸肘至双掌合十即顺随其势而向下屈肘，成正马步拜佛之式时，务求以身带手。当正马步形成时，务必泥丸宫上引，尾闾下沉（即用意而勿用力）。当重心上拔、下沉过程中务必百会穴上拔，从尾骨起（用意）下沉，即按顺序：尾骨、腰底椎、腰椎、胸椎、颈椎（共 26 节）节节贯穿，形成蛆动之势。

心悟锤

036

图 4-19

三、推窗望月、意开门

🌙 动作（向南，如图 4-19）：接上式，正马步，双手掌心合十，成作揖状，其中指平眉心。不停，随呼吸，正马步不动，双手掌心合十同时稍前推，随即腰胯渐向右旋转，右手臂于前稍伸肘同时顺随腰胯右旋之势，其小臂渐内旋，屈腕并以肩关节为轴心于前向右渐横扫至右额前，掌心向外，手指向左。左手臂稍屈肘于前伸而屈腕同时顺随其势，其示指与右手食指相连并随右手而动，以至左手臂稍屈肘、屈腕其手掌横于右额前，掌心向外，手指向右。不停，正马步双足不动。腰胯向左旋转，右手掌于右额前不动，左手掌于右手指左侧，同时顺随腰胯向左旋转之势，于右向左而以肩关节为轴心，成弧形横扫至左额前，掌心向外，双手指于额之两侧相对。不停，随呼吸，正马步，双手均不动，腰胯稍右旋转至双脚之正中位，成正马步，双手臂稍屈肘、屈腕成双亮掌之式。

🌙 要领：当左右手臂分别顺随腰胯旋转至左右额头前，务必均以身带手而圆动，并力求正马步稳实，尾颅中正而自然。

图 4-20

四、吞吐浮沉、立身正

动作（向南，如图 4-20）：接上式，正马步，双手臂稍屈肘、屈腕至其双掌亮掌于额头之两侧前，双手掌心均向外。不停，随呼吸，腰胯稍下沉，双手掌于额头之左右同时顺随腰胯稍下沉之势，其双手臂即同时向左右两侧前方稍前推，随即重心稍上拔，即下沉至极，双手小臂稍屈肘、屈腕至其双掌于额头两侧前，同时顺随重心稍上拔之势其双小臂渐外旋至双掌心向下，并即以肩关节为轴心，稍屈肘而顺随重心下沉之势即稍渐平行前伸，并向下压至双膝之下，随即双手小臂继续外旋至双掌心向上。不停，正马步，腰脊上拔，双膝渐随势向上而伸直，双手臂同时顺随重心上拔之势而于下向上托掌至平肩，并向前伸肘，随即双小臂渐内旋至掌心向下。不停，重心下沉，双膝即渐下屈至正马步，腰脊中正自然，双手臂于前伸，同时顺随腰脊下沉之势而稍屈肘，并同时下按至双膝前。成正马步，双按掌之式。

要领：当正马步上拔至双膝直立，再从双膝直立重心下沉至正马步，均务必保持立身中正自然，上求顶头悬，下需尾闾沉，上下成牵引之势，其意识务必贯穿在吞吐沉浮之中，双手臂向下按压如水中按瓢，上托时似双掌捧砂，上托下按时均务必随身而动，以至形成整劲。

心悟锤

五、虎视眈眈、肩坠沉

动作（向东，如图 4-21）：接上式，正马步，双手臂稍屈肘，双掌心向下，并稍前伸于双膝前。不停，腰胯欲稍右旋，即向左旋转，成侧马步之式（向东），双手臂稍屈肘于双膝前，同时顺随腰胯向左旋转之势，双小臂渐旋转至

图 4-21

掌心均向左（左小臂内旋，右小臂外旋），并以肩关节为轴心，于前向左即渐至左膝前而稍向下伸之。不停，重心于双脚之间渐移向左脚，并腰胯上拔而至右膝向左绷直，左膝同时随之向左前屈膝，成左弓步，双手掌于左膝前同时顺随腰脊上拔之势，而于下向上其小臂渐旋转至掌心均向下（左外旋，右内旋），并前伸至平于肩。不停，重心渐稍向下而后移于双脚之间，双膝渐向下而屈至侧马步，双手臂于前伸，同时顺随重心转移之势而同时稍外旋，并向下按至左膝前，左手掌稍前，双掌心向下。随即重心稍后移，双手掌于左膝前后，同时顺随重心后移至左膝两侧，其掌心向下、不停，重心渐移至左脚，并腰胯上拔，右膝于后渐向前绷直，左膝随之向前屈膝，成左弓步，双手臂于左膝两侧，同时顺随重心上拔前移之势而渐向下伸肘，并小臂均渐稍内旋即下垂于左膝两侧，其掌心均稍向外，成左弓步，双手臂下垂于左膝两侧之式。

要领：当左弓步双手臂下垂于左膝两侧时，务必顶头悬，并尾闾沉、肩、臂、掌、指均沉于一体，肘尖稍内藏，如此方可至气感充盈。

图 4-22

六、和盘托出、左炮拳

　　🌑 **动作**（向东，如图4-22）：接上式，左弓步，双手臂伸肘、伸腕并下垂于左膝两侧，其掌心均稍向外。不停，随呼吸，腰脊上拔至左膝向上渐伸而直立，右脚于后同时顺随腰脊上拔，左脚直立之势而稍提膝，伸踝并上前移至左踝内侧，其足尖点地。不停，重心下沉，左膝下屈至极，右足尖点地不变，右膝于左踝内侧同时顺随左膝下沉之势即下屈，成右丁步。双手臂于腰胯两侧下垂，同时顺随重心下沉之势而手臂渐外旋至掌心均向前，并以肩关节为轴心，于下向上前伸而稍高于肩，其双掌半额头。成右丁步，双手臂伸肘托掌之式。

　　🌑 **要领**：当右丁步从直立至下屈，双手臂于腰身两侧下垂，即顺随腰身下沉之势而于下向上前伸时，务求协调统一而自然，以至能形成整体之势。

心
悟
锤

图 4-23

七、顺手牵羊、随身走

动作（向东，如图 4-23）：接上式，左膝下屈，右脚屈膝、伸踝至其足尖点地，成右丁步。双手臂伸肘、伸腕并向前伸掌，其手臂均稍高于肩，双掌心向上。不停，随呼吸，重心渐稍前移，左脚同时随势而继续渐稍下屈，右脚于左踝内侧同时顺随其势向后撤一步，并向前伸膝，成左弓步。双手臂于前伸，同时顺随重心稍前移而继续稍向前上方而伸之。随即重心渐于前而向后移，以至右脚于后而向下屈膝，左脚于前屈膝同时顺随其势向后伸膝，而至其足跟着地，足尖上翘，成左虚步，双手臂于前伸，同时顺随重心后移之势双小臂于前向后渐内旋，并渐向后屈肘，屈腕。当左虚步形成时，双掌已收缩至丹田之左右，双掌心均向下。不停，左虚步不动，腰胯先渐向左即渐向右并即渐再向左旋转，双掌于腹前基本不动，双掌心向下，同时顺随腰胯左右旋转之势，而随腰胯旋转，当左虚步，腰胯从右向左旋转时，双手掌于腰左，同时顺随其势而渐外旋至双掌心轻贴于右腹，并随腰胯左旋而至双手掌于腹左。不停，随呼吸，腰胯迅疾向右旋转，以至右足跟顺随其内旵疾速蹬地，而促使右膝向前绷直，左膝同时迅速随势前屈，成左弓步。左掌于腰腹之左，同时顺随其旵劲而握拳并疾速稍内旋而斜上前伸，其手臂稍高于肩，拳心向下，右手于腹前，同时随势而握拳迅疾向后下伸之，其手臂稍低于肩，拳心向上，前后手臂成一斜直线。成左弓步，左炮拳之式。

　　要领：当右丁步，右脚向后撤一步，成左弓步，右脚后撤之同时，双手臂斜前伸于额前务必继续稍前斜上引，以至手脚成前后牵引之势。当左虚步，腰胯先左，后右再向左旋转时，双掌于丹田前务需顺随腰胯而旋动，并不离腹前而形成整体。当左炮拳爆发时，力求顺随丹田之旵劲，起于右足跟，随于其腰胯，一气呵成。

图 4-24

八、二虎擘牙、守腰间

　　动作（向东，如图 4-24）：接上式，左弓步，左手臂握拳前伸于额前，其手臂稍高于肩，拳心向下。右手臂握拳向右后下而伸，其手臂稍低于肩，拳心向上。不停，随呼吸，腰胯向右旋转，重心于左脚渐移向右脚，以至左膝渐向右伸直，右膝同时随势向右前屈膝，成右弓步（面向西）。左手臂握拳于斜上前伸，同时顺随腰胯向右旋转之势，而以肩关节为轴心，于前上（向东）向后下（向西）其手臂渐内旋并手指渐伸成掌以至左手臂下垂于右膝之左，其掌心向后。右手臂于后斜下伸拳，同时顺随其势而稍外旋，并手指渐伸成掌，而自然垂于右膝外侧。不停，随呼吸，腰胯向左旋转，重心从右脚渐移至左脚，左脚同时随势而向左前屈膝，右脚随之渐向左伸膝，并向右移摆15°，成左弓步之式（面向东）。左手臂下垂于右膝左侧（向西），同时顺随腰胯向左旋转，其小臂渐内旋，并向上稍屈肘，当左小臂内旋向上屈肘至其小臂稍高于肩时，其小臂即渐握拳而向下外旋，屈肘以至左小臂横于腹前，其拳心向上。右手臂于腰右下垂，同时顺随其势而小臂渐稍内旋，握拳，并以肩关节为轴心而向上屈肘，大臂先外展稍低于肩时，即小臂远端稍外旋而下压至左拳之右侧，拳心向上。成左弓步，二虎掣牙之式。

要领：该式之整个组合动作，务必双手臂顺随腰胯而圆旋，只有在腰胯主导之下，双手臂各关节之举动方能充满圆活。

图 4-25

九、随波逐浪、不丢顶

动作（向西，如图4-25）：接上式，左弓步，左手臂屈肘握拳于腹前，拳心向上。右手臂屈肘其小臂横于腰右前，其小臂远端于左拳面前，拳心向上。不停，随呼吸，腰胯向右旋转，重心于左脚渐向右移，以至右脚随势向右前屈膝，左脚随之向右伸直，成右弓步（向西）。双手臂屈肘握拳于腹前，同时顺随腰胯向右旋转至极，而渐伸指成掌，并向右下伸肘而小臂均内旋，以至双手臂下垂于右膝两侧，双掌心均向内。不停，腰胯向左旋转，重心于右渐移向左脚，左脚同时随势向前屈膝，右脚随之渐向左伸膝，成左弓步（向东）。双手臂于右膝两侧下垂，同时顺随腰胯向左旋转而动：其中左小臂于右下向左斜上渐内旋并稍屈肘至左额前，其掌心向外；右手臂同时跟随左手臂之后，即以肩关节为轴心而小臂向上外旋并伸肘，以至其手臂伸于额前，其掌心向左。不停，腰胯向右旋转，重心于左渐向右移，以至右脚随势向右前屈膝，左脚随之向右伸膝，成右弓步（向西）。右手臂于额前，同时顺随腰胯向右旋转，重心右移之势，而以肩关节为轴心，于左上向右下经腹前至右额前并手臂渐内旋至掌心向外而稍屈肘，其掌心向外。左手臂于左上向右下，即以肩关节为轴心而手臂外旋并伸肘、伸腕至右膝内侧而下垂，其掌心向前。成右弓步，右手臂屈肘上架，左手臂伸肘下挡之式。

要领：当双手臂屈肘握拳于腹前，腰胯向右旋转时，务必双手于腹前不动，并顺随腰胯而旋转，此举可资助内丹之炁易于腾发。当双手臂顺随腰胯旋转而左右横扫时，务求以腰胯为中心而以身带手大开大合，并立身中正而自然。

图 4-26

十、仙人指路、怀抱月

动作（向南，如图 4-26）：接上式，右弓步，右手臂稍屈肘、屈腕架掌于右额前，其掌心向外。左手臂下垂于下裆前，其掌心向前。不停，随呼吸，腰胯稍左旋，重心于右脚渐移至双脚之间，成正马步（向南），右手于右额前，同时顺随腰胯左旋之势，而以肩关节为轴心，稍屈肘，并从上向下小臂外旋而至右小臂向下压于腰之右侧而小臂前伸，其掌心向左。左手臂下垂于下裆前，同时顺随其势而以肩关节为轴心，即于下向左上稍屈肘，并小臂内旋至腰之左侧而小臂前伸，与前伸之右手而平行，其掌心向下。不停，腰胯稍右旋并稍下沉，双脚同时随势而下沉，成正马步。双手臂屈肘于前伸，同时顺随其势而稍旋至双掌心均向下并稍下压。不停，随呼吸，腰胯稍右旋，双脚重心不变（成马步），左手臂屈肘于前伸，同时顺随腰胯右旋之势而向左侧伸肘至左膝左侧上方，其手臂稍高于肩，掌心向下。右手臂屈肘前伸于腰右前，同时顺随其势而向右后屈肘至极，以至其小臂横于右胸前，其手掌向下。成正马步，左手仙人指路之式。

🌀 **要领**：当右弓步，腰胯左旋并重心下沉，成正马步。右手臂稍屈肘上举于右额之上架掌，并小臂随势外旋下压。左手小臂于下垂同时随势屈肘并于下向左上内旋，其双手小臂相对而动时，务必以内丹之炁，有撼动千斤之意境。当正马步腰胯稍右旋，左手臂向左侧前伸，右手臂向右屈肘而收缩于右胸前时，均务必随腰而动。

十一、指东击西、回身肘

🌀 **动作**（向南，如图4-27）：接上式，正马步，左手臂于左侧前伸掌，掌心向下，右手臂向右屈肘至极，而至右掌于右胸前，掌心向下。不停，随呼吸，腰胯稍右旋，右手随之稍后移，随即腰胯向左旋转，重心渐移向左脚，以至左膝同时向左渐前屈，右膝同时随之渐向左伸直，成左弓步。双手臂同时顺随腰胯向左旋转而动：即右手于右胸前，

图4-27

其上臂稍下沉，并小臂向前外旋而前伸至右膝前上方，其手臂稍高于肩，掌心向上（向东）。左手臂于前伸同时顺随其势向后屈肘，并外旋而收于腰左。其掌心向上，成左拗弓步右单掌前伸之式。不停，腰胯向右旋转，重心于左脚渐移向右脚并平衡于双足之间，成左侧马步，双手臂同时随之，即左手臂屈肘至其掌于腰左，同时顺随腰胯向右旋转之势，而从下向上斜前伸，其掌心向上。右手臂于前伸，同时顺随腰胯右旋而向后屈肘并小臂内旋，以至其小臂收于左腹前，其掌心向下。不停，随呼吸，右足跟迅速蹬地，其膝随之向左前绷直，其炁劲至腰胯疾速向左旋转，左脚于前同时迅疾随势向左前而屈膝，右手臂屈肘至其掌于左腹前同时顺随其炁势，而疾速握拳斜上前伸，其拳心向下，左手臂于前同时顺随其势而向左后斜下而伸拳，其拳心向上。成左弓步，右炮拳之势。不停，随呼吸，顺随右炮拳之反作用力，腰胯随势迅速向右旋转，重心于左脚疾速移向右脚并平衡于双足之间，双膝下屈成正马步。右手握拳于前伸，同时顺随腰胯右旋之势，而迅疾以肩关节为轴心向右后屈肘至极限，以至其肘尖于前向后上冲击，其右手握拳于右腋前，拳心向下。左手臂握拳于左后伸拳，同时迅疾随势握拳，屈肘至小臂横于胸前，其左肘尖向前，拳心向下。成正马步，右倒肘之式。

要领： 当侧马步腰胯分别向左右旋转，重心而随势前后转移时，双手顺随其腰胯旋转即圆动伸屈，此组合动作，均务必在腰胯主导之下协调统一并大开大合。当右炮拳后，即接右倒肘指东击西时，务必顺应内丹之炁一气呵成。

心悟锤

图 4-28

十二、雄狮戏球、腰主导

动作（向南，如图 4-28）：接上式，正马步，右手臂握拳，向右后上屈肘至极限，其肘尖至右后上方，拳心向下。左手臂握拳屈肘，至其肘尖向前，拳心向下。不停，随呼吸，腰胯稍右旋，重心稍下沉，右手臂屈肘于右后同时顺随腰胯稍右旋而渐向下伸肘，伸指，并屈腕而小臂外旋至右手垂于腰胯右侧，掌心向上。左手臂握拳屈肘于胸前，同时顺随腰胯右旋而手指渐伸，掌心向下至左掌于胸右侧前，与右手掌心相对于腰之右侧。随呼吸，正马步，腰胯向左旋转（面向东南方），右手臂于腰右下垂同时顺随腰胯左旋之势，即以肩关节为轴心而于右下向右前至胸左，并小臂渐内旋翻掌而屈肘至其掌胸左前，掌心向下，左手臂屈肘至其掌于右胸前，同时顺随其势，而以肩关节为轴心，经胸左侧而手臂向下外旋，并向下伸肘、屈腕以至其手臂下垂于左膝外侧前，掌心向上与右掌心相对。不停，正马步，腰胯向右旋转（面向南），双手掌于左膝，左胸前掌心相对，同时顺随腰胯右旋转而以肩关节为轴心，于左横移至右膝和右胸前，屈肘，双掌心相对。不停，随呼吸，腰胯继续向右旋转，右手掌于右

047

胸前同时顺随腰胯右旋之势而小臂向下伸肘并外旋，翻掌至右膝前，稍屈肘，屈腕，掌心向上。左手掌于右膝前，同时顺随其势而屈肘并于下向上小臂内旋，至小臂横上胸前，其掌心向下，并与右掌心相对。不停，腰胯左旋转（向东南方），右手掌于右膝前同时顺随腰胯左旋至左膝前，其腕、肘、肩角度基本不变，左手于右上胸前，同时顺随其势而横移至左胸前，小臂稍低于肩，屈肘，双掌心相对。不停，腰胯右旋转，双足重心不变（面向西南）。右手于左膝前同时顺随腰胯右旋之势，于下向上小臂内旋，翻掌至右小臂横于上胸前，右掌心向下并稍低于左肩。左手于左胸前同时顺随其势小臂外旋，经腰左至右膝之左前翻掌，并向右横移于下裆前，双掌心相对。不停，随呼吸，腰胯稍左旋，成正马步（面向南），右手臂屈肘至其小臂横于胸前，同时顺随腰胯左旋之势而以肩关节为轴心，其小臂向右稍内旋并下压至腰右，以至右手臂屈肘，其小臂前伸于腰右前，掌心向下。左手掌屈腕于下腹前，同时顺随其势于下向上而稍屈肘、并小臂内旋、伸腕，以至左小臂于腰左前伸与右小臂平行，双掌心均向下，成正马步，双掌下压之式。

🟠要领："雄狮戏球"一式，其为动功之法，在该式之操练中左右戏球，务必双掌心始终相对，心中始终有球，下方位托球之手掌，务求有托重之意境，双手握球翻掌戏球时，双手掌臂之距离尽量保持相等，其翻腾之速度应伴随呼吸而动，并善始善终，至使尾闾中正而自然。

图 4-29

心悟锤

十三、吞吐沉浮、立身正

🟠动作（向南，如图4-29)：接上式，正马步，双手臂稍屈而前伸于腹前，双掌心均向下。不停，随呼吸，重心稍下沉，双膝继续稍下屈，双手于腹前，同时顺随其下沉之势，而至双手掌同时下压至双膝之下，并随即双手小臂渐同时外旋至双掌心向上。不停，腰脊渐上拔，双膝随之伸直，双手臂于小腹前，同时顺随其势而上托至平肩并前伸，随即双小臂同时内旋至掌心均向下。不停，随呼吸重心下沉，双膝下屈至正马步。双手于前伸，同时顺随腰胯下沉之势而稍屈肘，并向下按压至双膝稍内侧前。成正马步，双按掌之式。

要领： 与第四式相同。

图 4-30

十四、虎视眈眈（右式）

动作（面向西南，如图 4-30）：接上式，正马步，双手臂稍屈肘，双掌心向下并前伸至双膝内侧前。不停，随呼吸，腰胯欲左旋，即向右旋转，成右侧马步之式（向西方）。双手臂稍屈肘于双膝前（向南），同时顺随腰胯向右旋转，而双小臂同时旋转至双掌心均向外（右手于前内旋，左手于后外旋），并以肩关节为轴心，于双膝内侧前向右横移至右膝前而斜下伸之（向西）。不停，腰胯继续向右旋转并重心向前上拔，以至右脚向右稍上伸而向前屈膝，左膝同时随之向右前伸直，成石弓步，双手臂稍屈肘于膝前同时顺随重心上拔之势而内旋，

049

并前伸而平于肩,掌心均向外,随呼吸,腰胯下沉并稍后移而至重心于双脚之间,成侧马步。双手臂顺势其势而同时小臂外旋至掌心向下,并前伸下压至右膝前,且随重心稍后移而至双掌于右膝之左右。不停,随呼吸,重心渐向前移并上拔,右膝同时顺随其势稍向右上伸膝,左膝于后随势渐向右伸直,成右弓步,双掌于右膝两侧同时向上伸肘,伸腕并小臂稍内旋,而至双手臂下垂于右膝两侧。双掌心均向后,并稍偏外,成右弓步,双手臂下垂于右膝两侧之式。

🌼 **要领**:与第五式相同。

图 4-31

十五、君子敬酒、双掌出

🌼 **动作**(向西,如图 4-31):接上式,右弓步,双手臂下垂于右膝两侧,掌心均向后、稍偏外侧。不停,随呼吸,右膝向上渐伸而直立,腰背上拔,左脚同时顺随右脚直立上拔之势而稍屈膝,伸踝并渐上前至右踝内侧,左足尖点地。双手于右膝两侧,同时顺随腰身上拔而双手小臂渐外旋并向上屈肘,以至双手掌于腰之左右,掌心均向上。不停,右膝下屈至极,左足伸踝,其足尖点地不变,但左膝随右膝而同时下屈,成左丁步。双手臂同时顺随腰膝下沉之势,于腰之左右而向前伸掌,双手臂稍高于肩并掌心向上,成左丁步,双手臂前伸之式。

🌼 **要领**:当左脚提膝、伸踝上步至右踝内侧,成左丁步时,务求其脊椎上拔而顶头悬,当双手小臂外旋收于腰之两侧时,务必与左脚上步同时,以至协调统一而形成整体,双手臂前伸务必在腰胯下沉之引领下而同时进行,并保持尾颅中正。

心悟锤

图 4-32

十六、大圣捧桃、尾闾正

动作（向西南，如图 32）：接上式，左丁步，右脚下屈至极，左脚屈膝、伸踝，其足尖点地，双掌前伸，其手臂并稍高于肩，双掌心均向上。不停，随呼吸，左脚屈膝、伸踝于右踝内侧向稍左后撤一步，并向前伸膝，右膝继续前屈，成右弓步。双手臂于前伸，同时顺随其势而继续稍前伸。随即重心即于前渐向后移，并至左膝同时顺随重心后移之势而下屈，右脚于前同时顺随其势而向后伸膝，并至其足跟着地，足尖上翘，成右虚步。双手臂于前伸，同时顺随重心后移而双小臂稍外旋，并向后屈肘至极，以至双上臂贴于前胸，其双小臂立于胸前并屈腕而至双掌收于胸锁前。双掌心向上，成右虚步，双托掌之式。

要领：当左丁步，左脚向后撤步时，前伸之双手臂务必同时继续稍前伸，以至形成前后牵引之势。当右弓步重心于右渐移至左脚，成右虚步之势，前伸之双手臂务必同时顺随重心后移而双手臂向后屈肘至极，并始终保持顶头悬和中正自然之状态。

051

图 4-33

十七、关公抚须、顶头悬

🌀 **动作**（向西南，如图 4-33）：接上式，右虚步，双手臂屈肘至极并至其双小臂立于胸前，双手腕屈腕而至双掌于胸锁前，双掌心均向上。不停，随呼吸，脊背上拔，双掌于胸锁前同时顺随腰脊上拔之势而小臂内旋，伸腕，并翻掌至掌心均向下，双手上臂同时随势而以肩关节为轴心渐向左右两侧上抬，以至双小臂横于胸前，双手指相对，其掌心均向下。不停，腰胯下坐，重心下沉，双手臂屈肘于胸前同时顺随重心下沉之势而渐向下伸肘而下压至下丹田前，随呼吸，腰胯稍上引，即下沉至极，双掌顺随其势继续向下压按至小腹前，并含颔顶颈。不停，右虚步，双掌于小腹前下按不动，但腰胯右旋转至极，头颈随之。成右虚步，双按掌之式。

🌀 **要领**：该式中双手内旋、翻掌，至双掌反复下压，均务必和脊椎、腰胯之沉浮同时在顺随呼吸之高度协调统一下，并始终保持立身中正自然。

心悟锤

图 4-34

十八、拨云见日、狮张口

动作（向西，如图 4-34）：接上式，右虚步，双手臂向下伸肘、双掌下压至小腹前，双手指相对，腰胯向右旋转至极。不停，随呼吸，腰胯向左旋转至极限（向东），双掌于小腹前同时顺随腰胯左旋转之势，而继续下垂并以肩关节为轴心向左移至小腹左侧，双掌心向下。不停，腰胯向右旋转并重心稍上拔，双掌于小腹左侧，同时顺随腰胯向右旋转之势，即以肩关节为轴心稍屈肘，而于左下，经腰胯之左，向上过腰左，成弧形状经左额，再向右，以至双小臂屈肘直立于右额前。双掌心向外，成右虚步，双小臂直立架掌之式。

要领：当右虚步，双手臂向下按掌于小腹前，腰胯左旋转时，腰背务须上拔。当右虚步双掌于左下，经腰左，额左至额右成弧形线而旋进时，务求有拨云见日、气吞山河的意境。

图 4-35

十九、虎啸山林、意掌中

动作（向西，如图 4-35）：接上式，右虚步，双手臂向前屈肘，双手小臂立于右额前，双掌心向外。不停，随呼吸，腰胯继续向右旋转至极，并重心稍下沉，随即腰胯向左旋转，双手小臂立于右额前，同时顺随腰身之旋转而动。当左手掌顺随腰胯向右旋转至右脸前，左掌即顺随腰胯旋转而稍下移（向后屈肘至极限），其手掌并向左后移至左耳前，掌心向前。右手掌于右额前侧继续顺随腰胯旋转之势，而以右肘关节为轴心成弧形，从右上经腰右并小臂外旋直至右手臂下垂于右膝前，其掌心向前。不停，随呼吸，右虚步不变，腰脊稍上拔即下沉至极。随即，重心于左脚渐前移至右膝前屈，左脚于后同时随之渐向前伸膝，成右弓步。双于于原位置和原式均不动。成右弓步，双手掌上下摧掌之式。

要领：当右虚步、双手臂屈肘至双小臂垂立于右额前，并顺随其腰胯左旋至左掌立于左耳门前，右手臂下垂于右膝前时，该式组合动作务必使手、腰、胯、脚之间充分协调自如，并突显出吞吐沉浮之意境。当右虚步，重心前移至右弓步，左手于上，右手于下前摧时，应力求顺随重心前移之势，如力推千斤之意境。

心悟锤

图 4-36

二十、螳螂捕蝉、上下稳

🔶 动作（向西，如图 4-36）：接上式，右弓步，左手臂向上屈肘至左掌立于左耳门前，掌心向前，右手臂向下伸肘而下垂于右膝前，掌心向前。不停，随呼吸，腰胯向左旋转，重心于右脚渐移向左脚，并平衡于双脚之间，成正马步（向南）。右手臂下垂于右膝前，同时顺随腰胯左旋转、重心后移之势，而以肩关节为轴心，下向上而小臂内旋并稍屈肘，屈腕以至右手臂架掌于右额前，其掌心向外。左手臂屈肘至左掌于左耳门前，同时顺随其势而向下伸肘，伸腕并小臂内旋、以至左手臂下垂于左膝内侧，其掌心向左。不停，腰胯向左旋转，重心于双脚之间渐移向左脚，以至左膝随势渐向左前屈，右膝于后随之向前渐伸直，成左弓步（向东），右手臂稍屈肘、屈腕于右额前，同时顺随腰胯左旋、重心左移之势而向左前方伸肘、伸腕并小臂稍外旋，以至其手臂伸于额前，掌心向前。左手臂伸肘下垂于左膝内侧，同时顺随其势向左下伸肘并小臂外旋，以至其手臂伸于左膝前，其掌心向前。成左弓步，双手臂分别向前斜上、下伸掌之式。不停，腰胯向左旋转，重心于左渐移向右脚而稍下沉并平衡于双足之间即继续移向右脚，以至右脚向右前屈膝，左脚于后随之向右伸直，成右弓步（向西）。双手臂于左膝上、下伸掌同时顺随腰胯向右旋转、重心右移之势，其原位置、原角度均不动而从东至西，以至右手臂继续伸肘，伸腕于额前，左手臂继续伸肘，伸腕于右膝内侧前，其掌心均向前。成右弓步，双手臂分别向前斜上、下伸掌之式。不停，重心于前而后移并下沉，左脚于后顺随其势而下屈，右脚于前随势向后伸膝，以至其足跟着地，足尖上翘，成右虚步。左手于右膝内侧前，同时顺随重心后移并下沉之势而以肩关节为轴心，伸肘，伸腕即于前向后而至其手臂下垂于左大腿前，掌心向前。右手臂于前上而伸，同时顺随其势向后屈肘，伸腕，以至右小臂立于胸之右侧，其手掌立于右耳门前，掌心向前。不停，随呼吸，右虚步，重心于后渐向前移，以至右膝渐前屈，左膝于后随之向前伸直，成右弓步。右手臂屈肘于右肩前不动。左手臂于左大腿前下垂，同时顺随其势而以肩关节为轴心并向前继续伸肘，伸腕而下垂至右膝内侧。成右弓步，上，下摧掌之势。

🔸 **要领**：该式中反复出现重心左右转移变化时，务必从始至终保持尾顾中心，自然而然，以至重心之稳实。

图 4-37

二十一、青云直上、上下随

🔸 **动作**（向西，如图 4-37）：接上式，右弓步，右手臂屈肘至极以至其小臂直立于胸之右侧，其掌立于右耳门前，掌心向前。左手臂伸肘，伸腕下垂于右膝之内侧，掌心向前。不停，随呼吸，腰胯向左旋转（于西至东南），重心于右脚渐移向左脚以至左膝向左前稍屈，右脚同时随势向左稍上伸，成高桩正马步（向东南）。右手臂屈肘至右掌于右耳门前，同时顺随腰胯向左旋转、重心左移之势，其小臂于右向左而外旋，并以其肘关节为轴心向左下而稍伸肘，以至右小臂向左下横于腹前，掌心向下。左

心悟锤

056

手臂于右膝内侧下垂，同时顺随其势，而继续下垂，并小臂内旋至其小臂向右下斜于腹前，掌心向下，以至双小臂交叉于腹前，左小臂于内，其掌心向下。不停，腰胯稍向右旋，重心稍上拔，双手小臂于腹前交叉，同时顺随腰胯稍右旋，重心稍上拔之势而双手小臂继续交叉并同时稍向前而稍内旋（向南）。随即重心下沉至双膝下屈，成正马步。双手小臂交叉于腹前同时顺随重心下沉之势而小臂均交叉并向下外旋，以至双小臂交叉于小腹前，双掌心向下。不停，腰胯向右旋转，重心于双脚之间渐移向右脚，以至右脚渐向右前屈膝，左膝随之向右渐伸直，成右弓步。双手小臂交叉于小腹前同时顺随腰胯向右旋转，重心右移之势，而同时以肩关节为轴心，双小臂渐向右交叉内旋，并稍斜下前伸至右膝前，双掌心向下。不停，重心渐向后移，左脚即同时顺随其势而向下屈膝，右膝同时随之而渐向后伸直，以至其足跟着地，足尖上翘，成右虚步。双手小臂交叉于斜前下而伸，同时顺随重心后移而以肩关节为轴心，其双小臂交叉均向后外旋而轻贴于小腹前，双掌心向内。不停，右虚步，重心稍上拔即下沉坐胯，双手小臂交叉于小腹前，同时顺随重心下沉之势而向上外旋，并翻掌至双手腕交叉于胸前，其掌心均向内，(右小臂于内)。不停，随呼吸，重心于左脚渐移至右脚，右脚即同时随势而渐向前屈膝，左膝于后随势而渐向前伸直，成右弓步。交叉于胸前之双手臂同时顺随重心前移而继续（双手腕）交叉渐前伸至额前。双掌心向内，成右弓步，双手腕交叉架掌之势。

要领： 当重心平衡于双足之间，双膝处于半屈之式，双手小臂交叉于腹前，腰脊上拔即下沉时，交叉之双手小臂务必稍加强双手小臂内旋下压之意识，同时虚灵顶颈而沉肩，以至双手小臂交叉有伏虎之意势。

图 4-38

二十二、凌上虐下、左抛膝

🔶 **动作**（向南，如图 4-38）：接上式，右弓步，双手腕交叉而斜上前伸于额前，右手于内，左手于外，双掌心均向内。不停，随呼吸，腰胯稍右旋，交叉于额前之右手，同时顺随其腰胯右旋之势而小臂渐向右内旋，随即腰胯稍向左旋，其左手同时顺随其势而小臂渐向左内旋，以至双手小臂伸腕直立于额之左右，其双手指尖平额头，双掌心均向外。不停，重心渐移至右脚，左脚于身后即向前屈膝，伸踝上提至胸前（向西南）。双手臂屈肘至双手小臂直立于额前同时顺随其势而十指微屈，并于上向下伸肘，屈腕而至双手臂垂于腰胯两侧，其掌心均向下。随即，左脚提膝于胸前，即刻向胸前伸膝蹬出，并向左前方伸膝（向南）着地而进一步，重心即渐向左前而移，并至左膝向左前屈膝，右脚于后同时随势向左前伸膝，成左弓步，双手臂于腰胯两侧同时顺随重心前移，而双小臂向外内旋并伸肘外展而屈腕，以至双手臂稍低于肩，其掌心向外，于指均向前，成左弓步双手臂外展亮掌之式。

🔶 **要领**：当右弓步，双手腕交叉于额前，双小臂顺随腰胯左、右稍旋而分别内旋至双手小臂立于额头左右时，双手掌务必有被缠丝于丝网中挣脱而向左右张开之意境，以至掌指气感充盈，当左抛膝接正蹬腿时，务必稍收腹，微含胸以至重心中正而稳实自然。

图 4-39

二十三、气吞山河、双推掌

动作（向南，如图 4-39）：接上式，左弓步，双手臂外展而屈腕，其双手臂均稍低于肩，掌心均向外，手指均向前。不停，随呼吸，腰胯向右旋转，以至重心渐后移于两足之间，并稍下沉成侧马步。双手臂于外展同时顺随腰胯向右旋转，重心后移之势，而双小臂渐向前伸肘并外旋，以至双手前伸至左膝前，其左手掌于前，右手掌于后，双掌心向内。不停，侧马步，重心稍下沉并渐稍向后移，双手掌于左膝前同时顺随重心稍下沉并后移之势而双小臂渐向后屈肘且内旋即渐稍下压，以至双掌收于腹前，其掌心均向下。不停，随呼吸，右足跟迅速蹬地，腰胯疾速向左旋转，其焉劲于腰胯至双掌于腹前而同时立掌疾迅前伸，双手臂平肩，双掌心向前，成左弓步，双推掌之式。

要领：当左弓步，重心后移至侧马步，双手臂于外展，同时外旋而沉肘内收前伸至左膝前时，其双手活动务必顺随重心之走势而协调统一，并保持立身中正自然。左弓步双推掌时，力求以气摧劲，尽显阳刚之美。

图 4-40

二十四、苏秦背剑、随身走

动作（向北，如图 4-40）：接上式，左弓步，双手臂屈腕立掌前伸至左膝前，双手臂平肩，双掌心均向前。不停，随呼吸，左弓步，腰胯稍上拔，双手立掌于前伸同时顺随其上拔之势而渐向前伸腕，并先稍内旋即稍外旋，以至双掌心均向下。不停，重心下沉并稍后移至双足之间，成侧马步。双手臂于前伸，同时顺随下沉之势而双小臂下压至左膝前，左手掌于前，右手掌于后，双掌心向下。不停，随呼吸，腰胯向右后旋转（于南向北）。左脚于前同时顺随腰胯向右后旋转，而渐向右伸膝（已向北），右脚于后同时顺随腰胯向右后旋转而渐向右前屈膝，成右弓步（向北）。双手于左膝前，同时顺随腰胯向右后旋转之势而小臂渐旋转，（右内旋，左外旋），并于下向上渐随腰胯向右后转身而渐屈肘，当右弓步形成时，右手臂已随势屈肘至肘尖向右，其右手握拳于左脸侧，拳心向外。左手随后同时屈肘至极，肘尖向下，以至左手握拳直立于肩左（其右拳心向左，左拳心向右，其双拳眼相对成一直线）。不停，随呼吸，右弓步，双手握拳不动，腰胯向右旋转，并稍前屈，左膝于后同时顺随其势向前绷直。成右弓步，苏秦背剑之式。

要领：该组合动作为摔跤之法。当侧马步双按掌，腰胯向右后转身180°成右弓步，背摔之式时，其劲路务必起于左脚跟，顺随于腰胯，达于肩背以至节节贯通，方成整劲。

心悟锤

060

图 4-41

二十五、声东击西、后蹬腿

🔶 **动作**（向北，如图4-41）：接上式，右弓步，右手握拳屈肘至肘尖向右，右拳于左脸侧，拳心向左。左手握拳屈肘至极其肘尖向下，以至左手小臂握拳直立于左肩。腰胯向右下而旋并稍前屈。不停，随呼吸，腰胯稍向右旋并重心向后移，以至右膝稍上伸。左手握拳于肩左侧，同时顺随腰胯稍右旋、重心后移之势渐伸指、侧屈腕并向前伸肘，以至其手臂侧立掌而前伸，其手臂平肩，掌心向右。右手握拳于左胸前同时顺随其势而向右后继续屈肘，并手指渐伸成掌而外旋，以至右手掌收于腰右，其掌心向上，成右弓步左单掌前伸之势。不停，腰胯左旋转，重心于右脚渐后移至左脚，以至左膝随势下屈，右膝于前同时随之渐向后伸直，并至其足跟着地，足尖上翘，成右虚步，左手立掌于前伸，同时顺随腰胯向左旋转、重心后移之势而渐伸腕至掌心向下，并稍下压即小臂外旋，而向后屈肘至左掌收于腰左侧，掌心向上。右手臂屈肘至其掌于腰右，同时顺随其势而小臂内旋并立掌前伸于额前，其手臂平肩，掌心向左。不停，重心于左脚稍下沉，右脚于前同时提膝、屈髋收于右腹前以至左脚独立，左手臂屈肘于腰左，同时顺随其势而小臂稍内旋，屈肘至左掌立于左脸侧，右手臂于前伸，同时随势而小臂外旋并向后屈肘至右掌收于腰之右侧，掌心向上。不停，随呼吸，左脚独立，腰脊稍前屈，右脚屈膝于右腹前疾速向身后蹬出（向南），并顺随其反作用力迅疾屈膝，屈髋收于右腹前，左手臂屈肘至其掌立于左脸侧，同时顺随其势而迅速立掌前伸，掌心向前，并随即向后屈肘至其小臂伸腕于左胸前，掌心向右。右手臂屈肘至其掌于腰右，同时顺随其势与右脚同向，同时而向后疾速伸之，并迅速向前屈肘，而至其掌收于腰右，掌心向内。以至成左脚独立，右脚屈膝、屈髋于腹前之势。

🔶 **要领**：当左脚独立，右脚向后蹬出时，务必在内炁之引领下，以至能保持身体稳实，当右腿蹬出后，务必利用其反作用力而迅疾屈髋、屈膝收缩于右腹，以至攻守并举。

图 4-42

二十六、白鹤亮翅、左横蹬

🌀 **动作**（向南，如图4-42图4-43）：接上式，左脚独立，右脚屈髋、屈膝收缩于右腹前，右手臂屈肘、伸腕其掌收于腰之右侧，掌心向内。左手臂屈肘、伸腕其掌于左胸前，掌心向右。不停，随呼吸，左脚独立，即重心稍下沉，右脚屈膝于小腹之右，同时顺随重心下沉之势而右膝渐向后伸，以至右足尖着地于左脚之后一步，即重心渐稍后移向右足，以至右足底完全着地，并向前伸膝，成左弓步。双手臂屈肘于腰、胸两侧，同时顺随其势而向下伸肘、伸腕并小臂渐稍内旋而下垂于左膝两侧，双掌心向后。不停，腰胯稍左旋，并重心稍下沉，腰胯即稍上拔并向右后旋转身（于北向南至西），双足于原位置以其足前掌为轴心，顺随其腰胯向右后旋转而旋转，当腰胯旋转至右膝于前，左膝于后，（左足前掌着地，其后跟上抬）

图 4-43

心悟锤

062

即成左后插步之式。右手臂于左膝内侧下垂（北），同时顺随腰胯向右后旋转身，即以肩关节为轴心，并继续伸肘而于下向右前上，再向右上经头顶其手臂内旋，并向前伸（转身向南），其掌心向左，当左后插步形成时，其右手臂于前即继续向右下、经右后继续成圆弧而手臂渐外旋并向右后上举，以至右手臂稍屈肘、屈腕架掌于右额头之上，掌心向上。左手臂于左膝外侧下垂（北），同时顺随其势即尾随右手臂，而手臂外旋、伸肘，并以肩关节为轴心，于左下向左上、经头顶（转身）成圆弧形直劈向前（南），其掌心向右，当左后插步形成时，其左手臂继续于前向右下而手臂内旋并向后屈肘，以至左小臂横于右胸前并屈腕而至其手掌于右腋下，掌心向外。成左后插步，左手掌护腋，右手架亮掌之式（头颈项向左稍转），俗称"白鹤亮翅"。不停，随呼吸，左后插步，腰胯稍向右旋转，重心渐移至右足，左脚于右脚之后斜插，同时渐向上提膝、伸踝至左胸前，以至右脚独立，右手臂稍屈肘、屈腕架掌于右额之上，同时以肩关节为轴心，于右上向右下屈肘，并小臂外旋，以至右手臂屈肘其小臂斜横于胸前，其手掌至左胸前，掌心向上。左手臂屈肘、屈腕于胸前，同时顺随其势于右向左而小臂渐外旋，以至左手小臂交叉于右小臂之下，其掌心上。随呼吸，不停，右脚独立，左脚提膝于腹前向左侧前上方横蹬而出。同时双手于胸前顺随其势而小臂内旋，并向左、右平伸而出，双掌心均向外，左脚蹬出后即向后屈膝至极而收缩于左腹前，双手臂于左、右平伸，同时左手臂外旋，并向内屈肘至其小臂立于头部之左，掌心向内。右手臂同时外旋并于上向下而下垂至腰胯之右，掌心向内。当左脚横蹬出即收回屈膝于胸腹前时，左掌于头部左侧于上向下迅疾伸肘直劈而下，以至左手臂而下垂，其掌心向内，右手臂于腰胯之右下垂，同时随势而向上屈肘并至其小臂伸腕立于耳门之右侧，掌心向内。成右脚独立，左脚提膝、伸踝而右手上挡，左手下劈之式。

要领： 当左弓步，双足立于原地，任其腰胯于北向南至西向右后旋转身，成左后插步，其双手顺随腰胯旋转，成圆弧形而轮劈时，双足务必以其足前掌为圆心而动，以至后插步形成前后灵活而平稳。当左脚横蹬出后，务须随即屈膝收缩至小腹前，并保持身体之平衡自然。

图 4-44

二十七、浑水摸鱼、双托印

动作（向西，如图 4-44）：接上式，右脚独立，左脚提膝于腹前，左手臂伸肘下垂，并掌心向内，右手臂屈肘至小臂伸腕立于头部之右侧，掌心向内。不停，随呼吸，右脚独立，腰胯向右旋转（向北），左脚提膝于腹前同时顺随其势向后（向南）伸膝而退一步，并向右前伸直，以至右脚向右前屈膝（向北），成右弓步。右手臂屈肘至其小臂直立于头部之右，同时顺随腰胯向右旋转之势而于上向右下伸肘并内旋，以至其手臂下垂于右膝外侧，掌心向内。左手臂于腰胯左侧下垂，同时顺随其势而以肩关节为轴心，继续伸肘并手臂向右内旋至右膝内侧，其掌心向后。不停，重心稍下沉并腰胯向左旋转，重心即于右脚渐移向左，左脚随势向左前屈膝，右脚同时随之渐向左伸膝，成左弓步（向南）。双手臂于右膝两侧同时顺随腰胯左旋转而动，即双小臂同时旋转至掌心均向左侧，左手于前，右手随后（左手臂内旋，右手臂外旋），于右下向左上而以肩关节为轴心并成弧形横扫，即左手臂稍屈肘至左掌于左额前上方，其手臂稍高于肩，掌心向外。右手臂伸肘至右掌于额前，其手臂平肩，掌心向左。

064

不停，重心稍下沉并腰胯向右旋转，重心于左脚渐向右移而至右膝向右前屈，左脚于后随之向右伸膝，成右弓步。双手臂于额前而前伸，同时顺随重心稍下沉并腰胯向右旋转之势，双手小臂先旋至掌心向下并稍下压，随即于左上侧稍向右下而以肩关节为轴心，成弧形横扫而进，并双手臂旋至掌心向右（右小臂于前内旋，左手臂于后外旋），以至右手稍屈肘，而前伸于右额前，其掌心向外。左手臂随右手之后而伸肘，至左掌伸于胸前，其手臂稍低于肩，掌心向右。不停，随呼吸，右弓步，腰胯继续右旋转至极限，随即而向左旋转，以至重心于右脚移向左脚，左膝随之向左前屈，右脚于后随势向左伸直，成左弓步（向南）。双手臂于右前伸（向北），同时顺随腰胯旋转之势而双手臂向内屈肘，并右小臂外旋至掌心向内，以至双掌轻贴于腰腹之右侧，当腰胯左旋至左弓步时，双手掌于腰腹之右即顺随此势已贴移至腰腹之左侧。不停，腰胯向右旋转，其重心于左脚渐向右移并平衡于双足之间，双膝稍下屈。随即腰胯继续向右旋转，再向左旋转，双掌于腰腹之左，同时顺随腰胯右旋，双小臂均同时内旋至掌心向下（双手拇、食指相对），并顺随其腰胯先右旋再左旋之势，双掌于丹田前渐平画一圆圈至腰之左，即渐稍向右而稍屈肘前伸于腹前（双手臂稍屈、近于圆形而伸），其掌心均向下。随之双小臂稍上引，即稍下压。不停，随呼吸，双膝下屈，重心下沉，成正马步。双手于腰之左，右稍屈而前伸，同时顺随重心下沉之势而下按到双膝下（小腹前），随即腰脊稍上拔，双掌继续同时稍下按并双小臂外旋，翻掌至掌心均向上，不停，双膝下屈，重心下沉至极，双手臂同时顺随重心下沉之势而渐屈腕并向上托至额前，随呼吸，腰胯上拔，双膝渐向上伸直，双掌于额头前上托，同时顺随其重心上拔而小臂内旋至双掌心相对，并稍屈指，成半握拳状，即于上向下移至腹前（丹田两侧），双掌心从上至下始终相对不变。

　　🌸 **要领**：当双掌心向下，稍屈肘，双掌于腹前顺随腰胯顺时钟方向旋转一周半时，双手掌应力求似水中按瓢之意，并双手顺随腰胯而旋，腰胯则随内炁所引，虚灵顶颈，沉肩坠肘，而平衡稳定自然。当双掌于额前，双掌心相对成半握拳之状，同时顺随双膝直立，腰脊上拔之势双掌同时下沉，与腰身成相对走向时，务必整个身体是在双手的力量攀握之下，而上拔之意境，并且务必手足充分协调统一而中正自然。

图 4-45

二十八、双管齐下、马步稳

动作（向南，如图 4-45）：接上式，双膝直立，双足平行并稍宽于肩，双手臂稍屈肘侧屈腕而至双小臂前伸，其掌心相对，成半握拳状于小腹前。不停，随呼吸，腰脊稍上拔，双手小臂于屈肘前伸，同时顺随腰脊上拔之势而双小臂内旋至双掌心向下，不停，重心稍下沉并腰胯稍右旋（双足原地不动），双手臂屈肘至双掌于腰前两侧同时顺随腰胯右旋之势而双小臂渐外旋至掌心向上，并向后稍屈肘以至双掌收于腰之两侧。随呼吸，腰胯稍下沉并向左旋转，其重心渐移向左脚，以至左脚顺随其势向左前屈膝，右脚随之向左伸膝，成左弓步（向南）。双掌于腰之两侧同时顺随腰胯旋转、重心前移而渐向前侧屈腕而伸肘，以至双手侧立掌前推于胸前，双手臂平肩，其掌心均向内。不停，左弓步，重心稍前移，双手臂侧立掌推出即双腕渐前伸，并稍内旋即外旋前伸至极限，双掌心相对。随呼吸，腰胯向右而旋，重心于左脚渐后移向右脚，以至平衡于双足之间，成侧马步。双手臂于前伸同时顺随腰胯右旋，重心后移之势而向后稍屈肘，并以肩关节为轴心，于前向后下侧屈腕，以至双手掌下垂于下裆前。成侧马步双切掌之式。

要领：当左弓步双推掌时，务必其劲起于足跟，顺达于腰胯、肩臂直至双掌，并保持重心稳实而自然。

图 4-46

二十九、双龙出海、缠丝巧

动作（向南，如图4-46）：接上式，侧马步，双手臂稍屈肘，侧屈腕，其双掌并下垂于裆前，其掌心相对，手指均向下。不停，随呼吸，右足渐蹬地，以至其膝前伸，左脚于前随势即渐前屈，成左弓步。其炁劲渐达腰胯而至腰胯左旋转，经肩膀，而至双掌于下腹前，同时顺随其炁势双小臂渐内旋并屈腕前推，成左弓步双推掌之式：其中左掌横于右（五指向右），成横掌之势，右掌立于左横掌之下（双掌成 T 形之状），不停，左弓步，腰胯稍右旋并重心下沉而稍后移，成侧马步。双手臂于前伸，同时顺随腰胯稍右旋、重心下沉稍后移之势而渐握拳，并小臂均外旋而向下压至右膝之上，且稍向后屈肘，其拳心均向上。不停，随呼吸，重心稍下沉并稍后移，随即右足迅疾蹬地，以至其膝向前崩直，左膝于前随势前屈，腰胯顺随其炁势向左速旋，双手握拳于左膝之上，同时顺随其腰胯左旋之炁劲迅速内旋而前伸，其双手臂平肩，拳心向下，成左弓步，双拳齐伸之式。

要领：当左弓步双推掌并腰胯下沉，双手渐握拳，顺随腰胯下沉而内旋下压时，务必双拳是握非握而渐内旋下压，如此方可形成缠丝之劲势，另当右足蹬地，腰胯随势左旋，双拳顺随腰胯之炁劲同时内旋疾迅前伸时，务须以内丹之炁从右足蹬地到双拳前伸，其意、炁、劲一气呵成，方可体现刚柔相济之完美。

图 4-47

三十、霸王开弓、尾闾正

动作（如图 4-47）：接上式，左弓步，双手臂握拳前伸，其手臂均平于肩，拳心向下。不停，随呼吸，重心稍前移，双手握拳于前伸，同时顺随其势而手指均渐前伸成掌，掌心均向下。随即腰胯稍向右旋并重心下沉而稍向后移，以至平衡于双脚之间，双膝于前后而下屈，成侧马步，双手于前伸同时顺随腰胯稍右旋，重心下沉并稍后移之势而下压至左膝前上方。不停，腰胯向右旋转（向北），并重心后移至右膝向右前屈，左膝随之同时向右渐伸直，成右弓步。双手臂屈肘于左膝前上方，同时顺随腰胯右旋转，重心后移之势，即以肩关节为轴心而伸肘，并于前经右下向右后，双小臂内旋，经小腹前即至右膝两侧而下垂（向北），双掌心向后。不停，右弓步，腰胯稍上拔即向左旋转，重心于右脚渐移向左脚，以至左膝向左前屈，右膝随势同时渐向左伸直，成左弓步（向南）。双手臂于右膝两侧下垂，同时顺随腰胯向左旋转，重心移动之势而动（向北），即左手于下向上并小臂渐内旋，而以肩关节为轴心，经头顶成圆弧形劈至左膝之前方，其掌心向右。右手臂于右膝外侧下垂（向北），尾随左手之后同时于下向上，并以肩关节为轴心，其小臂渐外旋而向前劈至额前，其手臂平肩，

掌心向左，不停，腰胯继续向左旋转至极，右手臂于前顺随腰胯向左旋转之势而继续稍向前伸。左手臂于前伸，同时顺随其势而小臂渐外旋，并向左后屈肘，翻掌至胸左侧，掌心向上。不停，随呼吸，左弓步，腰胯向右旋转，重心于左脚渐移向右脚，并平衡于双脚之间而下沉至侧马步，右手臂于前伸同时顺随腰胯右旋，重心后移之势而手指微屈，并向右后屈肘至极限，其大小臂均平肩，掌心向内，其手指第二三关节而平于右耳根。左手臂屈肘至其掌于胸之左侧，同时顺随其势而小臂渐内旋，并屈腕立掌即向前推至左侧前方，其手臂与胸背成一直线，指尖平眉额，成侧马步，霸王开弓之势（向南，但胸腹部向西）。

要领：当侧马步左手立掌前推，右手五指微握并向右后屈肘至极，成拉弓之势时，务心尾闾中正自然而顶头悬，并同时与左手前推，右手后拉其意念向四个方向牵引。

三十一、旋乾转坤、牛角肘

动作（向南，如图4-48）：接上式，侧马步，左手臂侧立掌而伸肘至左侧前方，其手臂平肩，右手臂向右后屈肘至极，其大小臂向右后屈至平肩，五指微握，其掌心向内，目视左掌。不停，随呼吸，腰胯向右旋转，重心于双脚之间而渐移向右脚，以至右膝随势向右前屈，左脚于后随之向右伸膝，成右弓步（向北）。双手臂同时顺随腰胯向右旋转、重心右移之势随身而动：即右手臂屈肘于右肩，同时顺随其势而渐向

图4-48

069

后下伸肘，并小臂稍内旋，以至右手臂下垂于右膝外侧，其掌心向后。左手臂侧屈腕于向左侧前伸，同时顺随其势而小臂渐内旋、伸腕并以肩关节为轴心，渐向右下而至右膝内侧下垂，不停，腰胯向左后旋转（从北向南），重心随之于右脚渐移向左脚，以至左脚顺随其势向左前屈膝，右脚随之同时向左伸膝，成左弓步（向南）。双手臂于右膝两侧下垂，同时顺随腰胯向左旋转，重心左移之势而以肩关节为轴心，于右下渐向左上成弧形而旋动；即左手臂伸肘而向左上内旋至肩左外侧，其手臂平肩，掌心向后。右手臂随左手之后伸肘，并手臂向左上外旋，以至其手臂前伸于左膝前上方，其手臂稍高于肩，掌心向左。不停，腰胯继续向左后旋转（从南向北），重心完全移至左脚，右脚于后顺随其势渐稍提膝，伸踝并上前一步，即向左而伸膝，左脚同时随势向左前屈膝，成左弓步（向北）。左手臂于左肩外展（向南），同时顺随腰胯向左旋转、右脚上步、重心左移之势，其手臂自然顺随腰胯旋转，而保持其手臂继续向肩左外展不变，并随即向腰左下屈肘并小臂外旋，以至左小臂于腰左之后，其手掌轻贴于腰左，掌心向内。右手臂于前上方伸肘（向南），同时顺随其势继续以肩关节为轴心，并继续伸肘向左后上方而斜上举（从南向东北，即左膝前上方），其掌心向左。成左弓步，左手臂屈肘至左手掌贴于腰左部，右手臂伸肘斜上举于额头前之势。不停，随呼吸，腰胯向右旋转，重心于左脚渐移向右脚，已至右脚向右前屈膝，左脚于后同时随之向右前伸膝，成右弓步（向南）。右手臂于斜上举，同时顺随腰胯向右旋转而以肩关节为轴心，于左上向右下而小臂内旋以至其手臂下垂至腰胯之右侧，其掌心向外。左手臂于腰左之后，同时顺随其势继续屈肘至极，并以肩关节为轴心，于下向上至其肘尖上顶于左耳门侧，成右弓步，左顶肘（各称牛角肘）之式。

要领： 当腰胯右、左旋转时，双手臂务必顺随腰胯之旋转并与双肩形成整体之势态而舒展圆活，连绵起伏，放长击远，并有旋乾转坤之意境。其右弓步，右牛角肘，务必尽量上顶至极，但是务求在中正自然不丢顶之基础上。

心
悟
锤

图 4-49

三十二、张弓射月、意回身

🟠 **动作**（如图 4-49）：接上式，右弓步，左手臂屈肘上顶至其肘尖于左耳门侧，右手臂伸肘下垂于腰胯右侧，其掌心向外。不停，随呼吸，腰胯向左旋转，重心于右脚渐向左移，以至左脚向左前屈膝，右膝于后渐向左伸直，成左弓步。左手臂屈肘于左耳门前，同时顺随腰胯向左旋转，重心左移之势，而以其肘关节为轴心其小臂渐向下伸肘、并内旋，经下腹至左膝外侧而下垂，其掌心向后。右手臂于腰胯右侧，同时顺随其势而以肩关节为轴心，即于右向左而手臂内旋，以至其手臂下垂于左膝内侧，掌心向后（向北）。不停，腰胯稍向左上拔，并渐向右旋转，重心于左脚渐移向右脚，而至右膝前屈，左脚于后随之向右伸膝，成右弓步。双手臂于左膝两侧下垂（向北），同时顺随腰胯向右旋转，重心右移之势即以肩关节为轴心而旋动，其右小臂渐内旋至掌心向左，并于下向右上，（右转身）经额前（向南），至腰胯右侧下垂，其掌心向内。左小臂于左膝外侧下垂，即随右手臂之后，其手臂渐外旋至掌心向右，并向上经头顶上举（随

071

右后转）而劈至额前（向南）其手臂稍高于肩，掌心向右。不停，腰胯继续向右旋转至极，左手于前伸同时顺随其势而小臂渐稍外旋并斜前上伸，其手指平额头，掌心向上。右手臂下垂于腰胯右侧，同时顺随其势而小臂渐外旋，并向右后屈肘，以至右手掌收于腰右，其掌心向上。不停，随呼吸，右弓步，腰胯渐向左旋转，重心于右脚渐稍移向左脚，并平衡于双足之间，成侧马步，左手臂于前伸，同时顺随重心后移而小臂渐内旋，并向左后屈肘至左小臂横于上腹前，掌心向下。右手臂于腰右侧，同时顺随其势而小臂渐内旋并立掌于左掌之前，掌心向左。不停，随呼吸，腰胯稍向左旋转，右足于前同时顺随其势而渐蹬地并向后伸膝，以至重心移至左脚而至左膝稍上拔并向左前屈膝，成左弓步。左手臂屈肘于腹前，同时顺随腰胯向左旋转，重心左移之势，而以肩关节为轴心并向左后屈肘至极，以至其肘尖向左后，其手臂屈肘而平于肩，其掌心向下。右手臂屈肘于胸右侧立掌，同时顺随其势而向前上渐推伸，其指尖高于额头，并目视右手指。成左弓步，反身右推掌之式（俗称，张弓射月，向南）。

　　🟠 **要领**：当正马步腰胯左旋转，其重心于右脚渐移至左脚而成左弓步之反身状，左手臂屈肘后拉，右手臂侧屈腕向前上斜推，该组合之式，其劲路务必起于右足，并顺膝随腰而至双手臂，形如蛆动之劲势而节节贯穿。另张弓之势应大开大合，击长放远，并有力拔千斤之意境。

心悟锤

图 4-50

三十三、随波逐浪、出盘肘

🔶 **动作**（向西，如图 4-50）：接上式，左弓步，但反身面向右脚斜上方，左手臂向左后屈肘至极，以至其肘尖向左后，其大、小手臂屈肘平肩，掌心向下。右手臂侧立掌斜上前伸，其手指稍高于额头，目视右手指。不停，随呼吸，双脚不动，腰胯向左旋转至前胸正对左膝，成左弓步（向北）。左手臂屈肘于胸肩之左，同时顺随腰胯向左旋转之势，而渐向左后下伸肘以至其手臂向腰左后稍斜下垂，掌心向后。右手臂于斜上前伸，同时顺随其势而以肩关节为轴心，于右上向左下小臂稍内旋，经腹部，并下垂于左膝前，其掌心向后。不停，腰胯向右旋转，重心于左渐移至右脚，以至右膝向右前屈，左脚于后随之向右伸膝，成右弓步。双手臂于左膝前，同时随腰而动，即右手臂顺随其势向上稍屈肘，并小臂渐内旋至掌心向前，于下向右斜上，而以肩关节为轴心成弧形斜上横扫至右肩外平展，掌心向后。左手臂于腰左稍后同时顺随其势，而尾随右手臂之后，即以肩关节为轴心而伸肘，并小臂外旋成弧形经腰左至额前而伸，手臂平肩，掌心向右。不停，右弓步，腰胯继续向右旋转，以至重心完全移至右脚，左脚于后同时稍提膝，伸踝并上前一步，足跟先着地，其足尖上翘并内勾，左手臂于前伸同时顺随腰胯右旋而屈肘，并小臂内旋至左掌收于腰左，且外旋至掌心向上。右手臂于右肩外展同时顺随其势而小臂外旋，并稍屈肘至其掌经腰右而前伸至额前，其手掌平额头，掌心向上。不停，随呼吸，腰胯向右旋转，左足随即以足跟为轴心，而足尖移向右侧，重心同时随势而前移于双足之间，并至双膝下屈，成正马步（向西）。右手臂于前伸，同时顺随腰胯向右旋转之势而小臂内旋，并向内屈肘至右掌收于左胸前，掌心向外。左手臂屈肘至其掌于腰左，同时顺随其势而小臂于原位置内旋至掌心向下，并以肩关节为轴心，左大臂稍上抬，平肩屈肘，以至左肘尖旋顶压至胸前，其掌心向下。成正马步，左盘肘之式。

🔶 **要领**：当双手臂左右圆旋时，均务必顺随腰胯之轴心而动，当正马步左盘肘之形成过程，同时务必以腰胯之轴所主宰，并力求立身中正，沉稳自然。

图 4-51

三十四、饿虎捕食、双掌凶

🔶 **动作**（向南，如图4-51）：接上式，正马步，双手臂均屈肘至极，左肘尖于胸前。右肘尖于右后，双手指相对，其掌心均向下。不停，随呼吸，腰胯向右旋转，其重心于双足间渐移向右脚，以至右膝顺随其势渐向右前屈，左膝于后随之向右渐伸直，成右弓步。双手臂于胸前屈肘，同时顺随腰胯向右旋转而双肘向右下渐伸，并下垂于右膝两侧（向北），掌心均向后，不停，腰胯稍上拔即向左旋转，重心于右脚渐移向左脚，而至左膝向左前屈，右脚于后随之向左伸膝，成左弓步。双手臂于右膝两侧下垂，同时顺随腰胯向左旋转，重心前移之势，而以肩关节为轴心，双手臂渐旋至掌心先向上（右手内旋，左手外旋）从右下（向北），经右上举，即渐向前而下压至左膝前上方（向南），双手臂平肩，其掌心均向下。不停，腰胯向右稍旋，重心于左脚渐稍后移至双足之间并稍下沉，成侧马步，双手臂于左膝前伸，同时顺随重心后移而稍向后屈肘，以至双掌收于小腹前，双掌心向下。不停，随呼吸，右足迅速蹬地而至其膝向左崩直，其反作用力顺随其炁劲达腰胯，肩臂，以至双掌于腹前顺势立掌迅疾前推，其掌心均向前。成左弓步，双推掌之式。

🔶 **要领**：当左弓步，双手臂于右膝前同时经腰右，头顶至左膝前稍下压时，双手臂既要舒展而大开大合，但切忌身躯重心过于前倾而失衡。当侧马步双推掌时，务求以炁摧劲，从而致使饿虎扑食一式刚柔完美。

心悟锤

074

图 4-52

三十五、岩鹰展翅、出掛脚

动作（向南，如图 4-52）：接上式，左弓步，双手臂立掌前伸，其掌心均向前，手指平眉额。不停，随呼吸，重心稍前移，双手腕同时顺随其势渐向前伸，以至双掌心向下，并稍下压。随即腰胯渐下沉并稍向右旋，重心于前渐向后而移以至平衡于双脚之间，成侧马步，双手臂于前伸同时顺随重心下沉之势而稍屈肘并下压于左膝前，双手小臂平腹部，其掌心均向下。不停，腰胯向右旋转，重心于双足之间渐向右移，以至右膝随势向右前屈，左膝随之渐向右伸直，成右弓步。双手臂稍屈肘于左膝前，同时顺随腰胯向右旋转、重心右移之势而以肩关节为轴心，渐向后下伸肘，并均稍内旋，经腹部而至右膝前下垂（向北），双手心向内。不停，右弓步，腰胯向左旋转，重心于右脚渐移向左足，左脚随势而向左屈膝，右膝随之向左伸直，成左弓步（向南）。左手臂于右膝内侧下垂，同时顺随腰胯向左旋转之势，而以肩关节为轴心，于右下（向北）向左上方（向南），其小臂渐内旋而稍屈肘，以至其小臂架掌于左额前，掌心向外。右手臂于右膝外侧下垂，同时顺随腰胯向左旋转而手臂渐外旋，伸肘至右手臂斜下于腰右，掌心向前。不停，左弓步，重心继续前移至左脚，其膝稍下屈。右脚于后同时顺随其势而渐稍屈髋，屈膝以至其小腿向右后而抬，成左脚独立之式，左手于左额前同时顺随重心前移，而以肩关节为轴心，其小臂渐外旋，并稍向左下而沉即再稍向右屈肘，以至左手臂从左上向右下，其小臂斜下于腹前，其左掌至腰之右侧，掌心向下。右手臂于腰右后同时顺随其势而小臂渐外旋，并从右下经胸前，再向左上而屈肘，以至右掌于左肩前，掌心向左。成双手臂交叉于胸前（右手于上），左脚独立之式。不停，随呼吸，腰胯稍向左旋，右脚屈髋，屈膝于右后，同时顺随其势向右侧前地面，于右向左成弧形沿地面而踢扫，其足尖翘起，右足前掌先着地，以至右脚侧屈踝于左足前，其足跟离地面近一尺许，足尖向左上翘。交叉于胸前之双手臂，同时顺随其势：即右手臂于左上向右下并小臂稍内旋，其掌心向下；左手臂于右下向左上，其小臂稍内旋并与右手同时向左右挥出，以至左手掌平额头，其掌心向外。右手掌至腰胯右外侧，其掌心向外。成左脚独立，右脚向左勾腿，双手臂向左右上下斜挥之式。

 要领：当左脚独立，右膝上提，左右双手交叉于胸前，随即腰胯稍向左旋至右脚伸膝于右前地面，向左横扫，双手于胸前交叉同时向左、右挥出时，该组合动作务必做到手足充分协调而平稳自然，左脚尽量下沉，右脚尽量于右前向左前而成弧形踢扫。同时该式务必左右反复单操以至得心应手。

心悟锤

图 4-53

三十六、迎门捧手、右炮拳

动作（向南，如图 4-53）：接上式，左脚稍下屈而独立，右脚伸膝侧屈踝于左足前，其足跟离地面近一尺许，足尖上翘。左手臂稍屈肘、屈腕外展至额头左侧，其手臂稍高于肩，掌心向外。右手臂稍屈肘、屈腕向右侧斜下而伸，以至其手掌平右胯，掌心向下。不停，随呼吸，重心稍上拔，左膝稍上伸，右脚于左脚前，同时顺随其势而向上提膝、伸踝于腹前并随即向正前方迅速蹬出，其足尖内勾并平于胸前。随即右脚即着地于前方一步，其足跟先着地，不停，腰胯随之向左旋转，以至重心于后即渐前移向右脚，右膝同时随之前屈，左膝同时向前伸直，成右弓步。左手臂于左额外展，同时顺随腰胯左旋转重心前移之势，而小臂渐向下外旋，并向内屈肘，以至左手掌收于腰左，掌心向上。右手臂于腰胯之右下侧，同时顺随腰胯左旋而小臂渐向前外旋，并于右下向前上伸肘，以至右手臂斜上伸于额前，其手臂稍高于肩，其掌心向上。不停，腰胯向右旋转，重心完全至右足，左脚于后同时渐提膝，伸踝并上前一步，其足跟先着地，重心亦随即继续渐前移于双足之间，并下沉，以至双膝下屈，成侧马步。左手臂屈肘至其掌于腰左侧，同时顺随腰胯向右旋转、重心右移之势而向前上方渐伸肘，以至其掌于额前，其掌心向上并平于额头。右手臂于前伸，同时顺

077

随其势而向后渐屈肘，并小臂渐内旋至右手掌收于腹部，掌心向内。不停，随呼吸，侧马步，腰胯稍向右旋并重心稍下沉，倾间，右足迅疾蹬地而至其膝向前绷直，腰胯同时顺随其氙劲向左迅速旋转，其氙劲即顺随于肩臂而至右手于腹前握拳，迅速向前而小臂内旋，并斜上直伸于额前，其手臂稍高于额头，拳心向下。左手臂于左前伸，同时顺随其氙势向腰左后握拳而疾速斜下伸拳，其拳心向上。双手臂于前后形成一斜直线，成左弓步，右炮拳之式。

● 要领： 该系列组合动作，务必立身中正，稳实自然，并务求腰胯主宰全身，从而使手脚充分协调，高度统一。

图 4-54

三十七 绵里藏针、左蹬腿

● 动作（向南，如图4-54）：接上式，左弓步，右手臂握拳于斜上前伸，其手臂稍高于肩，拳心向下。左手臂握拳于左后斜下而伸，其手臂稍低于肩，拳心向上，双手臂于前后成一斜直线。不停，随呼吸，腰胯向右旋转，重心随之于左渐移向右脚，而至右膝向右下屈，左脚随之向右伸膝，成右弓步（向西北）。左手臂握拳于腰左后而斜下伸拳，同时顺随腰胯向右旋转，而以肩关节为轴心，继续伸肘并于左后向左前，其手臂渐内旋，并手指渐伸成掌，即经腰左，腹前至右膝内侧而下垂。右手臂于右前上伸拳，同时顺随其势，而继续伸肘并小臂渐稍内旋，即以肩关节为轴心，于上向右下而渐下垂于右膝外侧，双掌心均向后。不停，右弓步，腰胯稍上拔并向左后旋转，以至重心完全于右脚，左脚于后（南）同时顺随腰胯向左后旋转、重心前移之势渐稍提膝，伸踝并向后退一步（北），重心随即

心悟锤

渐后移并至左脚下沉其膝下屈，右脚于前同时顺随其势向后伸膝，成右虚步（向南）。双手臂于右膝两侧下垂，（向西北），同时顺随其势而双小臂旋转至掌心均向后（左内旋，右外旋），即以肩关节为轴心，于右下向右上经头顶，成弧形并稍屈肘，而向前下劈经腹前直至左膝前，左掌心向上，右掌心向下。成右虚步，双掌于后转身卜劈之式。不停，腰胯右旋转，重心于后渐向前移，而至右膝向右前屈膝，左脚随之向右前伸膝，成右弓步。右手臂于下垂于腹前，同时顺随腰胯右旋转、重心前移之势而小臂向前渐内旋至掌心向外，并于下向前上稍屈肘、屈腕而至右额前，其手臂稍高于肩，掌心向前。左手臂于左膝前，同时顺随其势，即随右手之后于下向前上方而斜伸至额前，其手臂稍高于肩，掌心向上，成右弓步，右架掌，左砍掌之式（向南）。不停，腰胯稍左旋，双手于额前同时顺随其势，左手臂于前伸而小臂稍内旋至掌心向右。右手臂于前伸而小臂外旋至掌心向上，以至双掌于额前。不停，右弓步，重心稍前移，左手臂于前伸，同时顺随其势而小臂外旋至掌心向内并继续前伸，右手臂于前伸同时随势而小臂稍内旋至掌心向内（双掌心相对），并继续前伸。不停，右弓步，重心稍下沉，双手臂于前伸双掌心相对，同时顺随其势而稍前伸并小臂均渐内旋，以至掌心均向下。不停，右弓步，重心稍前移并下沉，双手臂于前伸同时顺随重心下沉之势而稍屈肘并坠肘，即以肩关节为轴心而手臂下压，以至双手臂下垂于右膝两侧，其双掌心向后。不停，随呼吸，右弓步，左脚于后提膝迅疾向前而蹬腿至胸前，其足尖向内勾。双手臂于右膝两侧下垂，同时顺随其势于左脚前蹬时，即同时以肩关节为轴心，并于下向胸前成弧形而小臂均外旋而向上托掌，其手臂均平肩，双掌心向上，成右脚独立，左脚前蹬腿并双手臂前托掌之式。

　　⚫ 要领：当右虚马步，双手于头顶同时下劈至腹前时，务必借助腰身左后转身并重心下沉之势而成顺手牵羊之势，如此方可至其成整劲之势。当右弓步，双手臂下垂于右膝两侧，左脚于后提膝迅疾向前蹬腿，双手臂同时于右膝两侧，外旋上捧而前伸时，此组合动作务求手脚同时统一协调进攻，前蹬腿时，小腹应微收，以至身体平衡中正。

图 4-55

三十八、双凤朝阳、手缠丝

动作（向南，如图4-55）：接上式，右脚独立，左脚提膝前蹬至胸前，其足尖内勾。双手臂前伸至左脚两侧，双掌心向上，手臂平肩。不停，随呼吸，左脚前蹬后即渐落步至左前方，其足跟先着地，重心渐前移并稍下沉于双足之间，双膝微下屈。双手臂于前伸同时顺随重心前移之势，双小臂渐向下内旋，并以肩关节为轴心，而于前向后至双手臂下垂于腰胯之两侧，双掌心向后。不停，腰胯稍右旋，同时重心渐下沉成侧马步。双手臂于腰胯之两侧下垂，同时顺随其势双小臂渐外展并内旋而屈腕，以至双掌心均向外，双手臂稍低于肩。不停，腰胯左旋转，重心渐移向左脚，以至左膝随势而向左前屈膝，右脚于后随之向左脚伸膝，成左弓步。双手臂于左右两侧外展，即以肩关节为轴心而渐向前伸肘并外旋，以至双手臂前伸于额头前，其手臂稍高于肩，双掌心向上，不停，左弓步重心稍前移，双手臂于前伸，同时顺随其势而渐稍前伸并内旋至双掌心向下，随即重心渐稍下沉即稍上拔，双手臂于前伸，同时顺随其势而以肩关节为轴心下压至左膝两侧而垂之，双掌心向后，成左弓步，双手臂下垂于左膝两侧之式。

要领：该组合动作应特别注重双手臂和腰胯重心之细微变换，以至其充分协调统一，即双手臂之圆动务必在腰身之主导下进行，以至整个组合动作形成整体感，同时腰身在吞吐沉浮中务必中正，沉稳而自然。

图 4-56

三十九、擎天一柱、攻守倚

动作（向南，如图 4-56）：接上式，左弓步，双手臂伸肘下垂于左膝两侧，双掌心向后。不停，随呼吸，腰胯向右旋转并重心下沉至双膝前屈，成侧马步。双手臂于左膝两侧下垂，同时顺随腰胯向右旋转、重心下沉之势而以肩关节为轴心并向外继续伸肘、外旋、屈腕并外展，以至右手臂于右额之外侧，其手臂稍高于肩。而左手臂外展至腰之左侧，双掌心向外。不停，侧马步，腰胯稍向右旋转，重心于左渐移至右脚，左脚于前，同时顺随腰胯向右旋转而渐向上提膝至极，并伸踝，右脚独立。左手臂于腰左外展同时顺随其势而向下伸肘、伸腕，并以肩关节为轴心，于左向右并手臂渐内旋至左手臂下垂于左膝前（左掌至左踝左侧前），掌心向前。右手臂外展于右额外侧，同时顺随其势而伸肘、屈腕，并以肩关节为轴心，成弧形横移向右后而伸之，掌心向后，其手臂平肩。不停，右脚独立，腰胯稍向左旋，左脚提膝于腹前，同时顺随腰胯左旋而小腿渐向左旋，以至左足尖向左，并左膝即渐前伸而上前一步，其足跟先着地，右脚于后即同时稍下屈。左手臂于左膝前下垂，同时顺随腰胯左旋、左脚上前一步之势而渐握拳，并以肘关节为轴心于下向右上而屈肘，并小臂外旋至左手握拳直立于面部之前，拳心向内，其拳面平前额。右手臂于右后平伸，同时顺随其势而继续伸肘并向下稍外旋而渐握拳，以至其手臂向右后而斜下伸拳。不停，腰胯向左旋转，重心于右脚渐移至左脚，以至左脚随之向前屈膝，右脚于后同时顺随其势稍提膝，伸踝而上前一步，重心即继续前移至双足之间并稍下沉，以至双膝稍屈。左手臂屈肘握拳于额前，同时顺随腰胯向左旋转、右脚上步、重心前移之势而小臂继续握拳直立，即以肩关节为轴心向左内旋，经肩左侧、而向左后斜下伸拳，其拳心向右。右手臂于腰右后，同时握拳而以肩关节为轴心并顺随其势，成弧形于右后向左上横扫至额前（向东南），其拳心向下。不停，随呼吸，腰胯向右旋转，重心于双脚之间渐向右移，以至右脚向前屈膝，左脚于后随之向右伸膝，成右弓步。右手握拳于额前，同时顺随腰胯右旋之势而以肩关节为轴心于前上向右下屈肘，并小臂握拳外旋至腰右，其拳心向上。左手臂握拳于腰左后，同时顺随其势而小臂渐外旋，而以肩关节为轴心并从后下向前稍上而稍屈肘，以至其小臂前伸、其左拳于腹前，拳心向上。成右弓步，左勾拳之式。

要领：该组合动作为以守为攻之连贯组合，其从始至终务必以腰胯为主导，从而带动上下四肢，以至节节贯通，与此同时亦务必重心稳实，中止自然。

心悟锤

082

图 4-57

四十、浪子捡财、攻下路

🟠 **动作**（向南，如图 4-57）：接上式，右弓步，右手臂握拳屈肘而至右拳于腰右，其拳心向上。左手臂握拳稍屈肘至其小臂伸于上腹前，拳心向上。不停，随呼吸，腰胯向左旋转其重心于右渐移向左脚，以至左膝向左前屈，右脚随之渐向左伸膝，成左弓步（向东北）。左手臂稍屈肘握拳于腹前，其肩、肘关节保持原位置基本不动，但左小臂顺随腰胯左旋转而握拳，并渐稍向上内旋至拳心向下，其拳眼至右腋前。右手握拳于腰右，同时顺随腰胯向左旋转之势而向下渐伸肘，并小臂内旋而至其手臂下垂于左膝内侧，其拳心向右。不停，左弓步，腰胯稍左旋并重心稍上拔，即渐向右旋转，右脚于前同时顺随其势而稍提膝，伸踝，其足尖经左足内踝向其右侧（即向北）退一步，其足前掌先着地，足跟稍上抬。左手臂屈肘握拳至其拳于右腋前，同时顺随腰胯向右旋转、重心移动之势而向下伸肘，伸指成掌而下垂于左膝前，右手臂握拳于左膝内侧下垂，同时顺随其势而伸指成掌，并以肩关节为轴心，其小臂渐内旋并于下渐向腰左成弧形而上，掌心向外，以至右手臂屈肘，其小臂横于胸前，其掌心向前。不停，

083

腰胯继续向右旋转，其重心于左脚渐移向右脚，以至右足底均着地，其膝并随之向右前下屈，左膝同时随势向右伸直，成右弓步。双手臂于腰、肩左侧，同时顺随腰胯向右旋转，重心右移之势而双手臂屈肘，并以肩关节为轴心，从左下经左上而至双小臂直立于额前，双掌心向前，指尖平额，成右弓步，双小臂直立于额前之式（向北）。不停，腰胯向左旋转，重心完全移至于右脚，右膝即稍下屈，左脚于右脚之后（向北），同时顺随腰胯左旋其势向右脚之后插一步，右手臂屈肘至其掌立于于额前，同时顺随腰胯左旋，并于上向右下而小臂外旋至右掌收于腰右，左手于原式立于胸前基本不动。不停，腰胯以右足前掌为圆心而继续向左旋转，左脚稍屈膝并顺随腰胯左旋转而自然于右脚之后（向南），右脚于左脚前稍屈膝，重心随之渐于双足之间，左手臂于胸前屈肘，同时顺随腰胯向左旋转左脚后退之势，而至左掌稍下移而于右腹前，其掌心向下。右手于腰右同时顺随其势而向前伸至额前，并稍屈肘，其手指平额，掌心向上。不停，随呼吸，重心下沉，双膝同时下屈，成侧马步，左足于后迅速蹬地而至其膝向上伸直。右足于前与左足同时迅疾蹬地，而至右膝随势迅速上拔伸直，并足跟上抬，其足前掌着地，成左脚直立、右脚伸踝而虚步之式。其炁劲至左手臂屈肘其掌于腹前顺随其势，同时大臂疾速上抬，并向左后屈肘至极，其肘尖平左耳，掌心向下。右手臂稍屈肘至其掌于额前，同时顺随其炁势并以肩关节为轴心而至右手臂迅疾下压，以至其手臂前斜于右大腿前（右掌于右膝前），掌心向前。成左脚直立、右脚于前伸踝而稍虚立，左手臂向左后上方屈肘，右手臂斜垂于右大腿前之式。

　　🟠 **要领**：当右、左脚退步时，务必保持步履轻灵，并在腰胯之主宰下，而始终保持上下协调。当右手臂下压，左手臂屈肘至大臂上抬而左肘尖上翘时，务求以丹内之炁在腰胯主导下保持四肢高度统一，如此方能形成整劲。

心悟锤

图 4-58

四十一、二郎担山、左单鞭

🔶 **动作**（向北，如图 4-58）：接上式，左脚直立，右脚于左脚前一步伸膝，伸踝，其足前掌着地，左手臂向左后屈肘至极，肘尖向左后上翘并平左耳，其手掌于胸前，掌心向下。右手臂伸肘、伸腕斜垂于右膝前，掌心向前。不停，随呼吸，重心下沉至双膝渐下屈，右手臂于右膝前斜下垂，同时顺随重心下沉之势而以肩关节为轴心，于下向上并手臂稍内旋而前伸，其手臂稍高于肩，掌心向左。左手臂屈肘于肩左，同时顺随其势其左手腕向下屈腕，并从腰左下向左后而伸肘，以至其手臂稍低于肩，其掌心向上，双手臂于前后而伸成一斜横直线。随即腰胯稍左旋，即向右旋转并重心前移，而至右膝向右前而屈膝，左膝随之向右前伸直，成右弓步。右手臂于前伸不动，左手臂于向左后而伸，同时顺随腰胯向左旋而手臂继续向左后伸肘并向左后外旋，以至其掌心向左。不停，腰胯向右旋转，重心完全移至右脚，左脚于后同时顺随腰胯右旋而稍屈膝，伸踝，并经右踝内侧而上前一步，重心即继续渐前移向左脚，以至左膝脚向左前屈膝，右膝于后随势而向左前伸直，成左弓步。左手臂于左后伸掌同时顺随腰胯向右旋转，左脚上步之势，其小臂先内旋，后外旋并以肩关节为轴心而伸肘，即于左后经左下成弧形而前伸至额前，其手臂平肩，掌心向右。右手臂于前伸同时顺随其势而向胸前屈肘，以至右手掌轻贴经胸前即向右后平伸肘，掌心向右，双手臂于前后平伸成一横直线。不停，左弓步（向南），腰胯向左旋转，右手于右后同时顺随腰胯向左旋转继续伸肘，并以肩关节为轴心向前下而小臂内旋，经小腹成弧形至左膝内侧而下垂，其掌心向后。左手于前伸，同时顺随其势而向后屈肘并小臂内旋，以至左掌于前向后伸腕而立于右耳门前，掌心向右。不停，随呼吸，左足疾速蹬地，腰胯同时迅疾向右旋转，右手臂于左膝内侧下垂，同时顺随腰胯向右旋转其炁劲从下向右后上方，而以肩关节为轴心迅速斜挥而出，以至其手臂（转身后）于右前方伸肘，其手臂稍高于肩，手掌平额头，掌心向左。左手臂屈肘至其掌于右耳门前同时顺随其势，其小臂疾速内旋并从上向左后下方伸肘，掌心向右。成右弓步、左手臂向左后斜下挥手、右手臂向右斜上挥手之势。

　**要领**：当左足疾速蹬地，腰胯同时迅速右旋转。其炁劲至双手同时分别向前后挥出时，务必以腰胯为主轴，其上下肢高度统一协调，方能形成整劲。

心悟锤

图 4-59

四十二、稳如磐石、意下沉

🌸 **动作**（向西，如图 4-59）：接上式，右弓步，右手臂前伸于额前，其手掌平额头，掌心向左，左手臂向左后斜下后而伸，其手臂稍低于肩，掌心向右。不停，随呼吸，右弓步，腰胯向右旋转，其重心于前位置不变动，但腰胯向右旋转至胸前中心线于右膝对正。右手臂于右前伸，同时顺随腰胯右旋转而继续伸肘，伸腕并以肩关节为轴心，其手臂渐内旋向右后而平伸，掌心向左。左手臂于左后下而伸肘，同时顺随其势而继续伸肘，伸腕，其手臂渐外旋，并以肩关节为轴心，于左后下（南）向前斜上而伸之，其掌心向右，双手臂与胸背于前后成一直线（胸向北、左手向西，右手向东），面向左手。不停，右弓步，腰胯向左旋转，重心于右渐移向左脚，左脚即随势向左前屈膝，右膝随之向左渐伸直，成左弓步（左膝向南）。右手臂于后伸同时顺随腰胯向左旋转、重心左移之势而继续伸肘、伸腕，其小臂渐外旋至掌心向上，并以肩关节为轴心，从后经右下成弧形向前上方而伸之，其手臂平肩，掌心向上。左手臂于前伸，同时顺随其势而向后渐屈肘，并小臂渐外旋至左掌收于腰左，其掌心向上（左膝向南、而面和右手向西）。不停，随呼吸，左弓步，腰胯向右旋转，重心于左脚渐移向双足之间，腰脊稍上拔，双膝随之稍向上伸（向西），左手臂屈肘于腰左，同时顺随其势而渐向前伸肘、伸腕并小臂渐内旋至胸前，其手臂平肩，掌心向下。右手臂于前伸，同时顺随其势而渐向后稍屈肘、伸腕并小臂内旋而致其手掌于右肘关节内侧，其手臂平肩，掌心向下。不停，随呼吸，重心下沉至双膝下屈，成正马步。双手臂于前伸不动，但双手腕于伸腕，同时顺随重心下沉之势而向上侧屈腕，其双掌心均向内，成正马步，双手臂于侧立掌前伸之势。

要领： 当正马步双侧立掌前伸时，务必保持尾闾中正而自然，其左手臂前伸应与胸背成一直线。

图 4-60

四十三、吞天吐日、抱环宇

动作（向西，如图；4-60）：接上式，正马步，左手臂伸肘立掌前伸，其手臂平肩，右手臂稍屈肘、侧立掌于左胸前，其掌于左肘关节内侧，双掌心向内。不停，随呼吸，腰胯向左旋转，双脚重心不变，左手臂于前伸同时顺随腰胯向左旋转而渐向内屈肘，并小臂渐内旋、伸腕至其小臂横于胸前、其左掌于右腋前，掌心向下。右手臂于胸前同时顺随其势而渐伸腕，并小臂向内屈肘而稍内旋，以至其小臂平移于左小臂内侧（双小臂平行于胸前），其掌心向下。不停，腰胯稍右旋，其重心渐上拔至双膝稍上伸，双手小臂同时顺随腰胯右旋，重心上拔之势而渐内旋并稍向下伸肘至双小臂交叉于腹前，右手于内，双掌心均向下。不停，腰胯下沉至双膝下屈，成正马步，双手小臂交叉于腹前，同时顺随重心下沉之势而渐下压，并渐向左右两侧外展。当正马步形成时，双手掌分别恰至小腿外侧，掌心均向外。不停，腰脊上拔而双小臂外旋、伸肘并

心悟锤

以肩关节为轴心而手臂外展，以至双手斜举于额头之左右两侧，其掌心均向外。不停，随呼吸，腰胯下沉至正马步，双手于额头左右外展同时顺随重心下沉之势而伸肘，伸腕，并以臂关节为轴心，而小臂均稍外旋并从上向下经肩外下压至左右小腿之外侧，随即过其膝至双手腕交叉于下裆前，双掌心向下(左手于前)。不停，腰胯上拔至双膝渐伸直，双手腕交叉于下裆前，同时顺随腰胯上拔，双掌继续交叉，并小臂渐内旋而向上屈肘，即于下向上经腹前渐翻掌，并向上伸肘至双掌交叉上举于头顶，掌心均向上。不停，随呼吸，腰胯下沉至双膝下屈，成正马步，双手掌交叉于头顶上举，同时顺随其势而分别向左右伸肘，屈腕而外展，以至双手臂平肩，掌心均向外，成正马步双手臂立掌外展之式。

🟠 **要领**：该式为典型之功法，其外形务必上下起伏而中正自然。于内侧吞吐沉浮形随气引而舒展圆旋，并务求有吞天吐日之意境。

图 4-61

四十四、顶天立地、意托天

🟠 动作（向北，如图4-61）：接上式，正马步，双手臂伸肘外展并立掌，双手臂均平肩，掌心向外。不停，随呼吸，腰胯稍向右旋，重心稍下沉即于双足之间渐向右转移，以至右膝向右前屈，左膝随之渐向右伸直，成右弓步（向北）。双手臂于外展不动，同时顺随重心前移之势而向前后伸腕，以至双掌心向左，成右弓步双手臂前后伸之式。不停，腰胯向右旋转，左手臂于后伸掌，同时顺随腰胯向右旋转而继续伸肘，并以肩关节为轴心，于左后经左外即向前而伸至胸前，与右手臂平行，双掌心相对。不停，重心于右脚渐后移至左脚，左膝随势渐下屈，同时右膝渐向后伸直。双手臂如前伸，同时顺随重心后移之势而向内屈肘，以至左手掌贴于右肘关节之上，右掌贴于左腋前。不停，重心稍下沉并渐前移而至右膝渐向前屈膝，左膝同时顺随其势而向右前伸直，成右弓步。双手臂于胸前怀抱，同时顺随重心前移之势而双小臂均渐内旋，并渐向下伸肘而下垂，即以肩关节为轴心，分别向左右外展、并小臂外旋至其手臂均平肩，双掌心均向上，双手拇指均向后。不停，随呼吸，重心渐向上拔，右膝同时顺随其势渐向上稍伸直，而至重心于双足之间，双手臂于外展同时顺随重心上拔之势，而双手臂继续伸肘并外旋，即以肩关节为轴心而成弧形向上，以至双手掌屈腕交叉相叠于头顶而上举，左手掌于下，双掌心均向上。不停，重心于双足之间渐移向右脚，以至右脚向前屈膝，左脚于后随之向右伸膝，成右弓步。双手臂伸肘、屈腕至双手掌相叠交叉而托掌，同时顺随重心前移之势而继续上举。成右弓步，双手臂向上托举之式。

　　🟠 **要领**：双手臂怀抱胸前，外展、上举等上肢活动，均务必顺随腰胯和双脚重心变化而动，否则，上下不能协调统一而脱节。当右弓步双手臂托掌上举时，务求在右弓步形成前即双托掌加强上举之意境，直至右弓步形成，并始终保持虚灵定颈，重心中正自然，如此方能进入力托千斤之意境。

心悟锤

090

图 4-62

四十五、铁牛耕地、意下行（左式）

🌼 动作（向南，如图 4-62）：接上式，右弓步，双手掌交叉相叠，并伸肘上举至头顶，左掌于下，双手掌心均向上。不停，随呼吸，腰胯渐稍向左旋，并重心渐下沉，以至右膝、右踝前屈至极，左脚于前继续伸膝。双手托掌上举于头顶，同时顺随重心下沉而伸腕，并小臂均渐外旋、屈肘而以肩关节为轴心，双手掌继续交叉相叠，从上向下翻掌而渐下压至右膝前。不停，腰胯继续向左旋转并稍前屈,同时尾闾下沉至极,左脚于前伸膝同时顺随其势而左踝内屈至极,以至左膝伸直其小腿后侧即贴近地面,成左仆步。左手臂屈肘至其手掌于右膝前,同时顺随腰胯向左而旋并前屈之势，渐向前伸肘并侧屈腕，经小腹左侧，即沿左大腿内侧至右踝内侧而伸之，其掌心向下。右手臂屈肘至其掌于右膝前同时顺随其势小臂渐内旋，并向右后上伸肘以至右手臂向腰右后上方而伸掌，其掌心向上。成左仆步，左穿掌之式。

🌼 要领：当右弓步从双手掌交叉上托，到双掌交叉下压于右膝前等一系列手上动作，务必均在腰胯主宰之下而统一上下。当右弓步转换成左仆步时，尾闾务求下沉至极，并务求重心平稳自然。

091

图 4-63

四十六、二郎担山、回马鞭（左式）

🔴 **动作**（胸向西，右手臂伸向北，如图 4-63）：接上式，左仆步，右髋、膝踝均前屈至极，尾闾下沉至极。左踝内屈，左膝伸直并至其小腿内侧贴近地面，左手臂前伸至左掌于左踝内侧，掌心向内。右手臂于腰右后而伸，掌心向上。不停，随呼吸，重心于右脚渐移至左脚，左脚于向后伸膝，同时顺随重心前移之势渐向前屈膝，右膝于屈膝渐向前伸膝（双足于原地不动），成左弓步之势。左手臂前伸于左踝内侧，同时顺随重心前移，而小臂渐外旋，伸腕并向前上方而前伸至额前，其手臂平肩，掌心向右。右手臂于后伸不变，但右小臂同时顺随其势而外旋至掌心向右。不停，左弓步，左手臂前伸，掌心向右不变，腰胯向左旋转，后伸之右手臂同时顺随腰胯向左旋转之势，同时于右后而以肩关节为轴心，并向前成弧形渐平扫至左手臂右侧，双掌心相对并合十。不停，随呼吸，腰胯迅速向右后旋转，左足同时顺随其炁势蹬地，重心于左脚即刻移至双足之间，双膝稍下屈，右手臂于前伸同时顺随其炁势而以肩关节为轴心。于前经右外向右后，成弧形如疾风似横扫，以至右手臂向右后而伸掌，其手臂平肩，右掌心向左（左手臂于前伸不变）。成高桩正马步，右回马单鞭之势。

🟠 **要领**：当左弓步，双手臂前伸平肩，掌心相对，腰胯顺随内丹之气，

顷刻向右后旋转至左足蹬地，其炁劲经右肩臂至右手背，于前横扫至右后，其势如狂风扫落叶，该式重点在于以腰胯之主导运用，即腰胯协调上下并左右全身，以至形成整劲。对于初练者在该式中操练时，务必注意右手臂向右后横扫时，发力应渐进而行，即从轻到重，以免拉扭伤胸臂软组织。

图 4-64

四十七、铁牛耕地、行随气（右式）

🌀 动作（向北，如图 4-64）：接上式，双足平行并稍宽于肩，双膝稍下屈，左手臂伸肘、伸腕于左侧前平伸展，其手臂平肩，掌心向前。右手臂伸肘、伸腕于右侧前平伸展，其手臂平肩，掌心向前。不停，随呼吸，腰胯向左旋转，重心于双足之间同时顺随其势而渐移向左，左膝随之继续前屈，右膝渐随势而向左伸直，成左弓步（向南），右手臂于右后平展，同时顺随腰胯向左旋转之势而以其肩关节为轴心，并继续伸肘、伸腕即从右后成弧形经右肩外，向右前而伸掌，并与左手臂平行而伸，双掌心相对。不停，重心于左渐后移，左膝随势渐向后伸直，右膝同时渐稍下屈，成左虚步。双手臂于前伸，同时顺随重心后移之势而向后屈肘，以至双手臂怀抱于胸前，左手掌贴于右肘之上，右掌贴于左腋之下。不停，重心下沉至右膝稍下屈，随即重心前移至左膝前屈，右膝同时顺随其势而向前伸直，成左弓步。双手臂于胸前怀抱，同时顺随重心前移之势而小臂渐内旋，并渐均向下伸肘同时以肩关节为轴心，经下分别向左右外展至平肩，双掌心均向上。不停，重心渐上拔，左膝同时顺随其势渐向上稍伸直，以至重心于双足之间，双手臂于外展同时顺随重心上拔之势而手臂外旋，并继续伸肘即以肩关节为轴心向上举至头顶，以至双手掌交叉相叠并屈腕至掌心向上，右掌于下，随即重心于双足之间渐移向左脚，左膝随之前屈，右膝同时向前伸直，成左弓步。不停，重心下沉至左膝，左踝前屈至极（其膝不得超出其足尖），同时腰胯渐稍向右旋，双手托掌上举于头顶，同时顺随重心下沉而渐伸腕，并小臂渐外旋、屈肘即以肩关节为轴心，双手掌继续交叉相叠，而从上向下翻掌下压至左膝前。不停，左弓步，腰胯继续向右旋转并前屈，同时尾闾下沉至极，右脚于后伸膝，其右踝同时顺随其势而内屈至极，其右膝伸直其小腿内侧随之近贴于地面，成右仆步。右手臂屈肘至其掌于左膝前同时顺随腰胯右旋并前屈之势，而渐向前伸肘、经小腹右侧稍内旋，并沿右大腿内侧至右踝内侧，掌心向内。左手臂屈肘至其掌于右膝前，同时顺随其势而小臂内旋，并向后伸肘以至左手臂向腰左后伸掌，其掌心向下。成右仆步，右手臂穿掌之式。

🟠 **要领：** 如第四十四、四十五式相同。

四十八、二郎担山、回马鞭（右式）

图 4-65

🟠 **动作**（胸向西，左手向南，如图 4-65）：接上式，右仆步，即左脚屈髋、屈膝至极，尾闾下沉至极。右踝内屈，右膝伸直其小腿内侧并贴近地面。右手臂侧屈腕前伸至右掌于右踝内侧，掌心向内。左手臂于腰左向后伸掌，掌心向上。不停，随呼吸，重心于左渐移

心悟锤

向右脚，右膝于伸膝同时顺随重心前移之势渐向右前屈膝，左膝于屈膝渐向右前而伸膝（双足立于原地不动），成右弓步之势，右手臂伸肘至其掌于右踝内侧，同时顺随重心前移之势，而小臂渐外旋，并斜上前伸至额前，其右手臂平肩，掌心向右。左手臂于后伸不变。不停，右弓步，右手臂前伸不动。腰胯向右旋转，左手臂于左后继续伸肘、伸腕，同时顺随腰胯向右旋转之势，而以肩关节为轴心，从左后成弧形经左肩外向前横扫至右手臂之左侧而伸掌，双掌心相对并合十。不停，随呼吸，腰胯迅速向左后旋转，右足随势疾速蹬地，而至其膝稍向上伸，重心于右脚迅即移至双足之间，双膝稍下屈，左手臂于前伸，同时顺随其势而以肩关节为轴心，疾速于前成弧形经左肩外向左后横扫，其掌心向右，成高桩马步，左手臂回马单鞭之势。

🌀 **要领**：如四十六式相同。

四十九、金鸡独立、正蹬腿

🌀 **动作**（向北，如图4-66）：接上式，双足平行并稍宽于肩，双膝稍下屈，右手臂向右侧前伸肘、伸掌，其手臂平肩，掌心向前。左手臂向左侧前伸肘、伸掌，其手臂平肩并掌心向前，目视左手。不停，随呼吸。重

图 4-66

心稍下沉并腰胯渐向右旋转，而至其重心右移，右脚随势向右前屈膝，左脚于后向右伸膝，成右弓步。随即重心继续前移至右脚，左脚于后随之渐向前提膝至极，并伸踝至足尖向下，成右脚独立之式。右手臂于前伸同时顺随重心前移之势，而渐握拳屈肘，并小臂向上内旋，其上臂上举，以至右小臂握拳横架于额头前，拳心向前。左手臂于左后伸肘，同时顺随其势而渐握拳，并小臂内旋，于左后经左下稍向前而屈肘，以至左小臂握拳立于胸前，其拳面正对鼻尖，拳

心向右（其肘尖和膝尖，鼻尖成一直线）。不停，随呼吸，双手臂于原式均不动，右脚独立，左脚于胸前屈膝向正前方蹬出，其足尖内勾并平于胸窝。成右脚独立，左脚前蹬，右手臂屈肘至其小臂握拳上架，左手臂屈肘至其小臂直立于胸前之式。

要领：当右弓步，左手屈肘握拳而至其小臂直立于胸前时，其小臂务必直立。左膝提膝于胸前时，务必与左手活动同时并同步完成，当右脚独立，左脚于胸前蹬出时，务求膝、鼻、左肘尖形成一条子午直线，并保持其重心平稳自然。

图 4-67

五十、顺风使舵、右炮拳

动作（向北，如图 4-67）：接上式，右脚独立，左脚提膝、伸踝于胸前。右手臂握拳屈肘至小臂横架于额头前，拳心向外。左手臂握拳、屈肘至小臂直立于胸前，其拳面正对鼻尖前，拳心向右。左脚提膝于胸前蹬出而至胸前方。不停，随呼吸，左脚向前蹬出即向左后方退一步，其足前掌先落地，同时双手于胸，头部之前顺随其势而小臂渐内旋。并向前上方伸肘以至双手掌前伸于额头前，其双手臂均稍高于肩，双掌心向下。不停，右弓步，重心渐向后移，左膝随势同时渐下屈，右膝随之同时渐向后伸直，并至其足跟着地，而足尖上翘，成右

虚步。双手臂伸肘于额前，同时顺随重心后移而向后屈肘，以至双掌收于上腹前，双手指相对，其掌心均向下。随即，左膝渐下屈至极限，双掌于腹前同时顺随下沉之势于腹前下压至小腹前。不停，右虚步，重心渐向前移而至右脚向前屈膝，左膝即随势向前而伸膝，成右弓步。双手于腹前同时顺随重心前移之势，而以肩关节为轴心向左右伸肘而外展，并双小臂渐内旋，屈腕，以至右手臂稍高于肩，掌心向外，左手臂稍低于肩，掌心向外，成右弓步，双手臂外展亮掌之式。不停，腰胯向右旋转，重心随之完全移至右脚，左脚于后同时顺随其势而屈膝上提至腹前，并伸踝至足尖向下。成右脚独立、左膝上提之式。左手臂于腰左斜下外侧伸掌，同时顺随其势而以肩关节为轴心，于左外侧向左前下，而继续伸肘并小臂渐外旋，以至其手臂下垂于左膝前，掌心向右。右手于额头之右侧亮掌，同时顺随腰胯向右旋转而向右后伸肘，屈腕而伸之，其手臂稍低于肩，掌心向后。不停，右脚独立，腰胯继续向右旋转（向东南），左脚提膝于腹前，同时顺随腰胯向右旋转之势而伸膝，以至左脚向右后撤一步，（向北），左手臂于左膝前下垂，同时顺随其势渐握拳并于下向上即以肘关节为轴心而屈肘，并小臂外旋，以至其小臂直立于胸前（向东南），拳面平额，拳心向内。右手臂于右后，同时顺随其势而小臂向前屈肘并外旋以至其小臂握拳于腰右，拳心向上。随即腰胯向左旋转，并重心下沉而稍向左移，以至重心于双足之间，其双膝随之前屈，成侧马步（向北）。左手臂屈肘握拳而立于胸前，同时顺随腰胯向左旋转之势而以肩关节为轴心，屈肘并小臂直立而内旋，于右向左以至其小臂立于肩左，并与屈膝之左脚上下成一直线，拳面平眉额，拳心向右。右手握拳于腰右不动。成侧马步，左手屈肘、其小臂立架拳之式。不停，随呼吸，右足迅疾蹬地，腰胯顺随其炁势而同时迅速向左旋转，其炁劲经腰胯至右手握拳同时疾速斜上而伸拳，其手臂稍高于肩，拳心向下。左手握拳于额前，同时顺随其炁势而内旋，并向腰左之后迅速斜下而伸拳，拳心向上，成左弓步，右炮拳之式。

🔶 **要领**：当右虚步，左膝下屈下沉时，务必保持尾闾其重心下沉至极，而中正自然，同时注重虚灵顶颈使整个脊椎成上下牵引之意识。

图 4-68

五十一、搂膝拗步、随身走

动作（向北，如图 4-68）：接上式，左弓步，右手握拳向斜上方前伸，其手臂稍高于肩，拳心向下。左手握拳向左后斜下伸拳，拳心向上。不停，随呼吸，腰胯向右旋转，重心随之于左脚渐向右脚而移，右膝随之渐向右前屈，左膝于后随势而向右伸直，成右弓步。右手臂于斜上前伸，同时顺随腰胯向右旋转之势，五指渐伸、成掌，并以肩关节为轴心，而小臂渐内旋，从右前上而向右下，以至其手臂下垂于右膝外侧，掌心向后。左手臂于左后同时顺随其势，而以肩关节为轴心并继续下垂，从腰左后，经左腹前并手臂渐内旋至右膝内侧下垂，掌心向后（向东南）。不停，腰胯向左旋转，重心于右脚渐移向左脚，左脚同时随势而稍下屈，并以其足前掌为轴心而调整右脚而动，右脚于后同时顺随其势即稍提膝，伸踝而上前一步，其足尖先着地，而腰胯同时继续向左旋转，成左弓步（从东南至西南）。双手臂于右膝前下垂（向东南），同时顺随腰胯向左旋转，右脚上步之势而以肩关节为轴心，双手臂稍屈肘并旋转至掌心向左（左手臂内旋，右手臂外旋），从右下向左上即围绕腰轴成弧形线状至左膝之前上

098

方而伸之，双手臂稍高于肩，双手掌平于额头之左右（向西南）。不停，左弓步，重心下沉并腰胯向右旋转，即渐平衡于双足之间，双膝渐下屈，成正马步（向西），双手臂于斜上伸同时顺随重心下沉，腰胯向右旋转之势而动：其中右手于右额前，同时顺随其势而以肩关节为轴心，于右上向右下而手臂内旋，经腹部即继续向右膝内侧前而下垂，其掌心向前；左手于左额前（向西南），同时顺随其势而小臂渐外旋并向内屈肘、侧屈腕，其肘下沉，以全其掌十左额之左侧，其掌心向内，五指向前。不停，正马步，腰胯向右旋转，重心于双足之间渐移向右脚，以至右膝渐稍上伸，左膝于后渐向右前伸膝，成右弓步。右手臂于右膝内侧下垂，同时顺随腰胯右旋，重心前移之势而以肩关节为轴心，于右膝内侧向前经其膝前绕至右膝外侧而下垂，其掌心向后。左手于左额前，同时顺随重心前移而小臂渐向前内旋，并渐伸腕至掌心向下，手指向前，即于左额前向左前而伸肘，以至左手掌前伸于胸前，其手臂平肩。不停，随呼吸，重心继续稍前移，左手于前伸同时顺随其势而屈腕至掌心向前。右手臂于右膝外侧下垂，同时顺随其势而向上屈腕至掌心向下，其手指向前。成右弓步，右手搂膝，左手臂向前立掌前推之式。

　　要领： 当正马步转换成右弓步，双手同时形成右手搂膝，左手单掌前推时，务必其忝劲起于左足，顺于腰胯，经左肩臂而至左手掌，同时应注意到左掌前推应与右掌于右膝外侧下压在同一时刻而动，如此左前推，右下压而协调统一。

图 4-69

五十二、擎天杵地、意上下

　　动作（向北，如图 4-69）：接上式，右弓步，左手臂立掌前伸，其手臂平肩，掌心向前。右手臂下垂于右膝外侧，并上屈腕而至掌心向下，手指向前。不停，随呼吸，腰胯渐向左旋转，重心于右脚渐向后移至双足之间并稍下沉，双膝随势而下屈至正马步，右手臂于右膝外侧下垂，同时顺随腰胯左旋转，重心后移之势，其小臂渐内旋，并稍屈肘、屈腕，而以肩关节为轴心从右下向右上而上举至右额之上，其掌心向上。左手于前伸，同时顺随其势而以肩关节为轴心，向下伸肘，伸腕，并从前向后下而渐内旋，以至左手臂下垂于左膝内侧，掌心向左。不停，重心继续稍下沉，双膝稍继续下屈，重心于双足之间同时渐移向右脚，腰胯即稍上拔，左膝随势而同时向右前伸直，成右弓步，右手臂架掌于额头之上，同时顺随其势而继续向上推举至极限。左手臂于左膝内侧下垂，同时顺随重心前移之势而小臂继续渐下垂而内旋，并以肩关节为轴心，于后向前旋移至右手臂下垂于右膝内侧，掌心向左。成右弓步，右手臂屈腕上举架掌，左手臂下垂杵地之势。

要领：该组合动作，从右弓步转换成正马步，再从正马步移换成右弓步，右手臂架掌上举至头顶，左手臂伸肘下垂于腹前，均务必腰胯中正自然，双足踏地其指如入泥，右手臂上托若似千斤，左手臂下垂如杵入地，进入如此之意境方可事半功倍。

图 4-70

五十三、青龙入海、意下沉

动作 (向北，如图 4-70)：接上式，右弓步，右手臂稍屈肘、屈腕架

心悟锤

100

掌于右额之上，掌心向上。左手臂伸肘、伸腕下垂于右膝内侧，掌心向左。不停，随呼吸，腰胯向左旋转，重心于右渐移向左脚，左膝随势而向左前下屈，右膝同时随势而向左伸直，成左弓步。左手臂于右膝内侧同时顺随腰胯向左旋转、重心左移之势，而以肩关节为轴心，并于下向左上伸肘、伸腕而手臂外旋，以至左手臂上举于左额前，其掌心向内。右手臂屈腕于额头右侧上举，同时顺随其势而稍屈肘、伸腕，并以肩关节为轴心，从额头之右向额头之左，其小臂并渐外旋至右手臂屈肘而斜横于胸前，其掌心向左耳门。不停，左弓步，腰胯继续稍向左旋，即向右旋转，重心于左脚同时顺随其势而继续向下屈髋、屈膝至极限，右膝于伸膝同时顺随其势而下沉并至其小腿近贴于地面，成右仆步。左手于头部之左侧上举，同时顺随其势而继续伸肘、伸腕而上举，掌心向右。右手臂屈肘于胸前同时顺随腰胯向右旋转、重心下沉之势其手臂渐向右下伸肘、伸腕，经小腹左侧至小腹右侧、而沿右大腿内侧，渐向前伸肘并小臂内旋至右踝内侧，其掌心向上。不停，随呼吸，右仆步，腰胯向右旋转，重心同时随之于左脚渐移向右脚，右膝随之渐向右前屈膝，左膝同时渐向右前而伸直，成右弓步。左手臂于左后上举，同时顺随其势，小臂渐内旋至掌心向下，并继续向左后而伸掌，其手臂稍低于肩。右手臂伸肘至其掌于右踝关节内侧，同时顺随腰胯向右旋转，重心前移之势而继续伸肘并小臂外旋，而侧屈腕，以至右手臂侧立掌前伸于胸前，其手臂平肩、掌心向左，手指平于眉额。成右弓步，双手臂于前后而伸之式。

　　🟠 **要领**：该组合动作，从右弓步转换至左弓步，再从左弓步转换成右仆步，直至右仆步再转换成右弓步，而双手臂同时顺随腰胯旋转、重心转换而圆动，直至其手臂分别前后而伸之。纵观全式，务必重心转换要自然而灵巧，吞吐沉浮应如青龙入海，柔韧有余。

图 4-71

五十四、盘龙卧虎、双铁扇

　　🟠 **动作**（向北，如图 4-71）：接上式，右弓步，右手臂侧立掌而前伸，其手臂平肩，掌心向左。左手臂向右后而伸肘、伸腕，其手臂平肩，掌心向下。不停，随呼吸，腰胯向右旋转，重心继续前移至右脚，左脚于后同时顺随腰胯向右旋转，重心前移之势，而稍提膝、伸踝并上前一步，其足跟先着地，足尖上翘而内勾，其膝并向后伸直。右脚于后即顺随其势而下屈，成左虚步。右手臂于前伸同时顺随腰胯向右旋转，重心前移之势而向后屈肘，屈腕其小臂并稍外旋，以至右掌立于左耳门前，其掌心向外。左手臂于后伸同时顺随其势，而以肩关节为轴心，从左后斜下，经腰左伸肘并小臂内旋，即渐至其手臂斜垂于腹前，其手掌轻贴于右胯，掌心向内。成左虚步，双于交叉之式。不停，随呼吸，左虚步，腰胯向左旋转，重心并稍后下沉，左手臂于右腹下垂，同时顺随腰胯左旋转之势，而以肩关节为轴心，稍屈肘，其小臂渐于右下向左上而外旋并斜挥至额头之左外侧，其掌心向内，手指平于额头。右手臂向左上屈肘而至其掌立于左耳门前，同时顺随其势而小臂渐内旋，并从左上向右下而伸肘，屈腕以至其手臂下垂于腰右，其掌心向下。不停，腰胯继续左旋，重心稍前移向左脚，并稍上拔而至其足前掌着地，左膝伸直，右脚于后随之向前伸膝，而至其足跟

稍离地面。左手于左额前，同时顺随腰胯向左旋转、重心左移之势而稍向左后而移动。右手臂于腰右下垂，同时顺随其势而伸腕。并小臂内旋而渐向上屈肘，即从右下经腹部向左上方，而至右小臂横于左胸、肩前，其掌心向下。不停，随呼吸，腰胯向右疾速旋转并重心迅速下沉。以至双膝稍下屈，双手于肩左外上方，同时顺随其势迅速于左上向右后斜劈而下，右掌心向上，左掌心向下，以至双掌于腰右之后。成高桩马步，双手臂斜劈掌之式。

要领：该组合动作中之双手臂斜劈，系阳功修炼之法则，双手于左上向右下斜劈时，务必以炁促形，并顺随腰身旋转，重心下沉之势内外统一，方可劲整力透。

图 4-72

五十五、顺水推舟、双推掌

动作（向北，如图 4-72）：接上式，双足平行并稍宽于肩，双膝稍屈，成高桩马步，双手臂均向腰右，其手掌均于腰之右侧，右掌心向上，左掌心向下。不停，随呼吸，腰胯向左旋转，同时重心下沉，双手于腰之右侧，同时顺随腰胯左旋转，重心下沉之势即以肩关节为轴心，并渐伸肘下垂而双小臂内旋，于腰右绕经腹前而至左膝前。双手掌心向内。不停，重心于双足间渐移向左脚，腰脊并上拔，左膝即随势而前屈，右膝同时随势而向左伸直，成左弓步。双手臂于左膝前下垂。同时顺随重心前移并上拔之势，而双小臂继续伸肘并以肩关节为轴心，从下向上而双手臂渐内旋，以至双手臂向前而伸，其手臂均平肩，掌心均向外。不停，左弓步。重心下沉并向后而移至双足之间，成侧马步。双手臂于前伸同时顺随重心下沉后移之势而继续伸肘，伸腕并双小臂渐外旋下压至左膝前，即随重心后移而屈肘、坠肘以至双掌收于腹部两侧，双掌心向下。不停，随呼吸，左足疾速蹬地，腰胯同时顺随其氅劲迅速向左旋转。双手同时顺随其氅势而立掌迅速向前推出，其手臂均平肩，掌心向前。成左弓步，双推掌之式。

🟠 **要领**：该式中，其组合动作结构看似简单，但在整个组合中务必做到心、气、意、形、劲之高度统一，如此即能达到刚柔相济之效果。该式如果不厌其烦之反复单操，即可水到渠成。

图 4-73

五十六、单刀直入、明箭脚

🟠 **动作**（向北 如图 4-73）：接上式，左弓步，双手臂立掌前伸，其手臂平肩，双掌心向前。不停，随呼吸，重心稍上拔，双手掌于前伸同时顺随其

104

势而向前伸腕，并小臂均稍内旋至双掌心向下。随即重心稍下沉即上拔、双手臂于前伸同时顺随其势而小臂渐外旋、稍屈肘并稍坠肘，即以肩关节为轴心，于前向下而按压至双手臂下垂于左膝两侧，其掌心均向后。不停、重心稍下沉，双手臂同时顺随其势而下垂于左膝两侧，并小臂稍内旋。随即腰胯向右而旋，左手臂于左膝外侧下垂，同时顺随腰胯右旋之势而以肩关节为轴心，即沉肩并左手臂继续稍内旋而下垂、其掌心稍向外于左膝外侧。右手臂于左膝内侧下垂，同时顺随腰胯右旋之势，而以肩关节为轴心，即肩关节向右后而旋，并右肋稍上拔，其小臂随之稍内旋，以至其手掌垂于右下腹前，掌心稍向右。不停，腰胯向左而旋，左肩关节同时随势向右前上而旋转，其手臂随之而动并至其小臂稍外旋并向上屈肘，伸腕以至其小臂于下向上而至左手掌立于右耳门前，掌心向外。右手掌于腹前，同时顺随其势而小臂渐外旋并沉肩，以至右手臂下垂至左膝内侧，其掌心向前。不停，腰胯向右旋转，左手臂屈肘至其手掌立于右耳门前，同时顺随其势而于上渐向下伸肘，并手臂渐内旋至左手臂下垂于膝外侧、掌心向外。右手臂于左膝内侧下垂，同时顺随其势而小臂渐向上内旋，稍屈肘、屈腕，并以肩关节为轴心、于下向上而上举至右额头之上，其掌心向上。不停，随呼吸，腰胯迅速向左旋转并重心下沉，左手臂于下垂同时顺随其势迅速于下向上屈肘，而至左掌立于右耳门前，掌心向外。右手臂上举于头顶，同时顺随腰胯向左旋转，重心下沉之怂势，其手臂疾速从上向下并小臂外旋而直劈，以至右手掌劈至下档前，掌心向左。不停，右手掌下劈至下裆前，随即其手臂以肩关节为轴心，从下向前上方而挑掌，其手臂稍低于肩，其掌指正对鼻之中心线。右脚于后同时迅速提膝，伸踝向正前方伸膝弹踢，其足尖平胸窝。左手臂屈肘于右耳门前，同时顺随其势从右上向左后而劈，以至左手臂向腰左后而伸肘，其手臂稍低于肩，掌心向右。成左脚独立，右脚前踢于胸前，双手臂于前后而伸之式。

　　🌕 要领：在该组合动作中，当左弓步，右手臂于上举而下劈，随即接右掌向前挑掌，以及右脚同时提膝并向前弹踢，等等。均务求上下协调，一气呵成，方可体现其单刀直入之风格。

图 4-74

五十七、左冲右突、随身进

动作（向东，如图 4-74）：接上式，左脚独立，右脚伸膝、伸踝而向前弹踢至胸前，右手臂伸肘、伸腕前伸至右脚上方，其手臂平于肩，掌心向左。左手臂后伸于腰左之后，其手臂稍低于肩，掌心向右。不停，随呼吸，右足弹踢至胸、腹前即向后屈膝，其右足伸踝而经左踝内侧，即向右横跨一步并向左伸膝，左脚随之向左前屈膝，成左弓步，腰胯同时顺随右脚向右横跨一步、重心左移之势而向左旋（向西）。右手臂于前伸同时顺随腰胯向左旋之势，而以肩关节为轴心，并继续伸肘其小臂向左内旋而平移，以至其手臂稍向前而斜下伸于左膝稍前上方，其手臂低于肩，掌心向下。左手臂于腰左后而伸，同时顺随其势而以肩关节为轴心并继续伸肘，其小臂稍内旋而向前平移至右手臂之左而与其平行，掌心向下。不停，左弓步，腰胯向右旋转，其重心于左脚渐移向右脚，以至右脚向右而屈膝，左膝随之向右伸直，成右弓步（向东）。双手臂于左膝前上方斜下伸肘（向西），同时顺势腰胯向右旋转之势，而双手掌心同时旋转向右（右手于前内旋、左手于右手之后而外旋），右手臂稍屈肘、左

心悟锤

106

手臂伸肘，并以肩关节为轴心，从腰左稍向右上成弧形横扫至右膝前，其中右手前伸于额前，其手臂稍高于肩，掌心向右左手臂斜下伸于右膝前，其手臂低于肩，掌心向右。不停，随呼吸，右弓步，腰胯迅速向左旋转，重心于右脚同时顺随其炁势疾速移向左脚，并平衡于双足之间，双膝下屈，成正马步。双手臂如腰胯之右，同时顺随腰胯向左旋转之势，即于右向左而以腰胯为轴心，其小臂迅疾旋转并向左翻掌（左内旋，右外旋），屈肘、左掌指向下，右掌指向前，经胸、腹横向推至腰之左侧，掌心均向左。成正马步（向北）横向、侧推掌之式。不停，腰胯向右旋转，重心于双足之间渐向右移，右膝随之顺随其势向右屈膝，左膝随之而向右伸膝，成右弓步（向东）。右手臂屈肘至右掌于腰左侧，同时顺随腰胯向右旋转，重心右移之势而以肩关节为轴心，于腰左向右上而稍屈肘并小臂内旋，以至右手臂屈肘其小臂伸掌于右额之前，掌心向外。左手臂屈肘于腰左侧，同时顺随其势而以肩关节为轴心，经胸前向右前而侧屈腕，并渐伸肘以至右手臂立掌前推于胸前，其手臂平于肩，掌心向右。成右弓步，右手臂稍屈肘架掌，左手臂侧立掌前推之式。

要领：当双手臂于腰右侧，顺随腰胯迅速向左旋转而同时从右向左疾速翻掌，屈肘横推至腰左侧时，务必以炁催劲，并需巧借腰胯之身法，方能得势。同时在横劲之操练中要比其他劲路之操练稍难，故该式务必左右反复单操，即可达到理想之成效。

图 4-75

五十八、拔山扛鼎、三体式

动作（向北，如图4-75）：接上式，右弓步，右手臂稍屈肘、屈腕架掌于右额头前，其掌心向外。左手臂侧立掌而前伸至胸前，其手臂平肩，掌心向右。不停，随呼吸，右弓步，腰胯向左旋转，重心完全移至右脚，左脚于后同时顺随腰胯向左旋转而稍提膝，伸踝至足尖向下，经右踝内侧而（即腰胯向左旋转后之前方，即向北）上前一步，左足跟先着地，其足尖上翘。右脚于后同时随势而下屈，成左虚步。左手臂于前伸，同时顺随腰胯左旋转，而小臂向左内旋、伸肘，并以肩关节为轴心，于右前（向东）经左前（向北）至左侧而小臂渐外旋，并向内屈肘，以至左手掌收于腰左，其掌心向上。右手于右额前架掌，同时顺随腰胯向左旋转（向北），即于右（东）向左前（北）而小臂外旋至掌心向上，并伸肘向左前稍横劈掌，以至右手臂伸于额前，其手臂稍高于肩，掌心向上。不停，腰胯向右旋转，重心于右脚渐向前移至双脚之间，左足前掌同时随势而渐着地，双膝稍下屈。左手于腰左侧，同时顺随腰胯向右旋转、重心前移之势而向前渐伸肘，以至左掌伸于额前，其手臂稍高于肩，掌心向上，手指尖平额头。右手臂于前伸，同时顺随其势而向后渐屈肘，并小臂内旋至掌心向下，以至右掌于左肘关节内侧之下（及左肘尖稍前）。不停，随呼吸，重心稍下沉，并稍向后而移向右脚（重心至前足三分，后足七分而分之），双膝稍下屈，左手于前伸同时顺随其势而小臂内旋至掌心向下，并稍屈肘（坠肘）而稍下压。右手臂屈肘、伸腕至其掌于左肘之下同时顺随其势而稍坠肘并稍下压。以至成高桩左虚步双手臂伸、压掌之式。（俗称"三体式"）。

要领：拔山扛鼎一式，可视为一站桩之功法，俗称"三体式"如左足在前，右足于后，双手屈而伸之时，务求左手指平其眉心，左肘、右掌，至左膝成一垂直线，顺随吐纳以此桩之式，并以心、意、气而导引之，日积月累，功夫渐进。

五十九、步步为营、出单掌

动作（向北，如图4-76）：接上式，左脚于前稍屈膝，右脚于后稍屈膝，其重心稍偏于右脚。左手臂稍屈肘、稍屈腕而前伸，掌心稍向前而偏下，左示指平眉心。右手臂屈肘前伸而至右掌于左肘尖之下，其掌心向下。不停，随呼吸，腰胯向左旋转，重心于右脚渐向前移至左膝下屈，右膝于后随之向左前伸直，成左弓步。左手臂于前伸，同时顺随腰胯向左旋转，重心前移之势而向后屈肘，屈腕并小臂稍外旋而至左掌立于右耳门前、其掌心向右。右手臂屈肘稍向前伸，

心悟锤

108

图 4-76

同时顺随重心前移而渐向下伸肘，并屈腕至掌心向下，以至右手臂下垂于左膝内侧。不停，左弓步，腰胯继续向左旋转、重心随之而继续前移至左脚，右脚于后同时顺随重心前移而渐稍提膝，伸踝并渐上前一步，右足跟先着地，其足尖上翘，随即重心于左脚渐移向右脚，右足前掌渐着地，其膝随之而渐前屈，左脚于后随之向右前伸膝，成右弓步。右手于下垂同时顺随腰胯向左旋转，重心前移之式而以肩关节为轴心，于下向前而手臂外旋并继续伸肘以至其掌于额前，其手臂稍高于肩，掌心向上。左手臂屈肘至其掌立于右耳门前，同时顺随其势而小臂渐先外旋，并向下即向左后伸肘，而小臂渐内旋并向腰左之后而伸肘，以至左手臂向左后伸掌，其手臂稍低于肩，掌心向上，双手臂成前稍高，后稍低一斜直线。不停，腰胯向右旋转，重心于前向后而移，以至左膝随势而下屈，右膝随之而向后伸直，其足跟着地，足尖上翘，成右虚步。右手臂于前伸同时顺随重心后移之势，而小臂渐内旋并向后屈肘，以至右手掌于胸前，其掌心向下。左手臂于后伸同时顺随其势，而以肩关节为轴心，于左后下渐向前并手臂外旋，以至左掌前伸于额前，其手臂稍高于肩，掌心向上。不停，随呼吸，腰胯向左旋转并重心稍前移而下沉，以至右足前掌先着地即双膝下屈，成侧马步之式。

右手臂屈肘至其掌于胸前，同时顺随腰胯左旋之势而屈腕，伸肘渐向前推，以至右手臂立掌前伸于额前，其掌心向前，手指平眉额。左手臂于前伸同时顺随其势，而小臂内旋，并向后屈肘，屈腕以至左掌立于右肘内侧，掌心向前，成侧马步，右手立掌前推之式。

要领：当侧马步，右手于胸前立掌而前伸，左手于前伸同时小臂内旋，屈肘至左掌立于右肘内侧时，务必使侧马步沉稳踏实，并收臀而中正自然。

图 4-77

六十、劈挂连环、斜挥手

动作（向北，如图 4-77）：接上式，侧马步，右脚于前，左脚于后均屈膝。右手臂立掌而前伸，其掌心向前。左手臂屈肘、立掌前伸以至其掌于右肘内侧，掌心均向前。不停，随呼吸。腰胯向左旋转至重心于双足之间并渐向后移，以至左脚向左前屈膝，右脚随之向左而伸膝，成左弓步（向南）。双手臂于前伸同时顺随腰胯向左旋转，重心后移之势而渐伸腕、伸肘并小臂均渐内旋，即以肩关节为轴心，于前向左下，经腹前至左膝两侧而下垂。双掌心均向内。不停，腰胯先稍向左旋，重心稍上拔，即腰胯向右旋转（向北），随即重心于左脚渐

移至右脚，以至右膝稍屈，左脚于后即稍提膝，伸踝而上前一步，其足跟先着地，成左虚步。右手臂于左膝前下垂(南)，同时顺随腰胯向右旋转之势而小臂渐内旋，伸肘并以肩关节为轴心，于左下向上经头顶成弧形而斜劈至右膝前，以至其手臂垂于右膝外侧（从南向北），其掌心向内。左手臂于左膝外侧（南），同时尾随右手臂之后其小臂渐外旋，并伸肘即于左下向上而以肩关节为轴心，成弧形下劈至右膝前，其手掌正对右膝，掌心向右。不停，腰胯继续向右旋转至极限，成右弓步（向南）。左手臂于左膝前，同时顺随腰胯向右旋转而以肩关节为轴心，而于左向右而手臂渐内旋，以至其手臂稍斜垂于右胯前，其掌心向内（向南）。右手臂于右膝外侧，同时顺随其势而向上屈肘，并小臂渐内旋，以至右掌屈腕立于左耳门前，其掌心向外，成右弓步，双手臂于上下交叉之式。不停，随呼吸右足迅速蹬地，腰胯同时顺随其忝势而向左疾速旋转，重心迅速左移，成左弓步，左手臂于右腹前同时顺随其势，于右下向左上，而以肩关节为轴心疾速斜挥至左额前，其手臂稍高于肩，掌心向右。右手臂屈肘至其掌立于左耳门前，同时顺随其势向右后斜下迅疾伸肘而伸掌，其手臂稍低于肩，掌心向右。成左弓步，双手臂前后斜挥之式。

要领：该组合动作务必均以腰胯为主轴而引领双手劈、砍、撩、挂、挑，并需在重心转换过程中顺随其呼吸慢、匀而稳实之自然旋动。

图 4-78

六十一、明枪暗箭、反撩阴

动作（向南，如图4-78）：接上式，左弓步，左手臂伸肘向左斜上而伸，其手臂稍高于肩，掌心向右。右手臂伸肘向腰右后稍斜下而伸掌，其手臂稍低于肩，掌心向右。不停，随呼吸，腰胯稍向左旋，右手于腰右

111

之后同时顺随腰胯左旋而以肩关节为轴心，伸肘并小臂稍内旋，即于右后经腹前至左膝内侧而下垂，其掌心向右。左手臂于左额前，同时顺随其势而小臂渐内旋并向内屈肘，以至左手小臂屈肘而横于胸前，其掌心向下。不停，左弓步，重心稍上拔，腰胯即向右旋转，以至右膝随势而向右前屈膝，左脚于后向右伸膝，成右弓步（向南）。右手臂于左膝内侧下垂，同时顺随腰胯向右旋转，重心右移之势而以肩关节为轴心，于左下经左上成弧形劈向右额前，其手臂稍高于肩，掌心向上。左手屈肘至其小臂横于胸前，同时顺随其势而小臂内旋并经腹前向腰左后伸肘，其手臂稍低于肩，掌心向上。成右弓步，双手臂前后伸掌式。

要领：该组合动作之右手前劈，左手反撩均务必以腰胯为轴心，形如蛆动而环环相扣，节节贯穿，并始终保持重心稳实而自然。

图 4-79

六十二、劈头盖脸、劲整透

动作（向北，如图 4-79）：接上式，右弓步，右手臂向前而伸掌，其手臂稍高于肩，掌心向上。左手臂向左后斜下而伸掌，其手臂稍低于肩，掌心向上。不停，随呼吸，腰胯向右而旋转，右手臂于右额前伸，同时顺随腰胯向右旋转之势，而以肩关节为轴心，于上向右下伸肘并小臂内旋，以至其手臂下垂于右膝外侧，其掌心向后。左手臂于腰左后而伸，同时顺随其势而以肩关节为轴心，于腰左之后经腰左侧，即渐向左前下而伸肘并小臂稍内旋，以至其手臂下垂于右膝内侧，其掌心向后。不停，右弓步，腰胯稍向右旋并重心稍上拔，以至右膝顺随其势而稍向上伸膝，左脚于后伸膝，同时顺随其势而向上伸踝而至其足跟稍上提，其足前掌着地。右手臂于右膝外侧下垂，同时顺随其势而继续伸肘，并小臂外旋，以至其手臂稍向右外斜伸，其掌心向前。左手臂于右膝外侧下垂，同时顺随其势而以肩关节为轴心，于下向右上稍屈肘并小臂内旋以至其小臂稍斜横于胸前，掌心向下。不停，随呼吸，腰胯迅速向左旋转并重心疾速下沉于双脚之间，双膝随其忝势迅速下屈，左足跟随之着地而成侧马步，双手于右上同时顺随腰胯向左旋转，重心下沉之势迅疾经头顶直劈而下，以至双掌下劈于左膝内侧前，其左掌心向上，右手掌心向下。成侧马步，双掌下劈之式。

🌕 **要领**：在该式中，当右弓步，双手臂顺随腰胯向右旋转而圆旋时，务必以心行炁并借助重心下沉之势直劈而下，以至劲整力透。

图 4-80

六十三、双凤朝阳、旋中缠

🌕 **动作**（向南，如图 4-80）：接上式，侧马步，左膝于前、双膝下屈，双手臂屈肘、伸腕至双掌于左膝内侧前，双掌心向上。不停，随呼吸，腰胯向右旋转并稍上拔，重心同时顺随其势，而稍向右移以至右膝前屈，左膝向右稍屈。近似于左虚步，双手臂屈肘于腹前，同时顺随腰胯右旋，重心上拔之势而双小臂同时渐内旋，并向左右外展而屈腕，右手稍高于肩，左手稍低于肩，其掌心均向外。不停，重心先下沉至双膝均前屈，随即腰胯向左旋转，重心同时顺随其势而前移至左脚，以至左脚向左前而屈膝，右脚同时随势而向左伸膝，成左弓步，双手臂于外展同时顺随腰胯左旋转，重心前移之势而以肩关节为轴心，双手臂均渐外旋，并于两侧渐向前伸肘至额前，双掌心向上。不停，左弓步，重心稍前移，双手臂于前伸，同时顺随其重心前移之势而小臂渐内旋至双掌心向下，随即腰胯稍下沉，双手臂于前伸，同时顺随其势而稍向下屈、坠肘并渐向下压至腹前。不停，腰胯向右后旋转（从北向南），重心于左脚渐移至右脚，以至右膝前屈，左膝同时顺随其势而向前（向南）伸直，成右弓步。右手臂于腹前，同时顺随腰胯向右后旋转之势而稍屈肘，并以肩关节为轴心，从腹前向右后上方（从北向南），其小臂内旋至掌心向外而伸于额前。左手臂于上腹前，同时跟随右手之后并以肩关节为轴心，小臂稍屈肘而向右上外旋，即于前向后上与右手腕交叉于额前，左手于前，掌心均向内并稍高于前额。不停，随呼吸，重心于右脚渐移至左脚，左脚于后同时随势而下屈，右脚于前同时随势而向后伸直，以至其足跟着地，足尖上翘，成右虚步。双手腕于额前交叉，同时顺随重心后移之势即双手腕继续交叉而小臂稍内旋，并向下屈肘至双手腕继续交叉而收于胸前，双掌心均向内。成右虚步，双手交叉于胸前之式。

要领：当左弓步双按掌，腰胯向右后旋转至180°时，务必立身中正、稳实，其速度应顺随呼吸，愈慢愈匀愈好，但必须是在自然轻松之状况下。同时，在本套路处于结尾阶段更应力求其节奏较套路中间段稍慢一些。

图 4-81

六十四、收式、定丹田

动作（向南、如图4-81）：接上式，右虚步，双手臂屈肘，双手腕交叉于胸前，左手于外，右手于内，双掌心均向内。不停，随呼吸，右虚步，重心稍上拔即下沉，以至左膝稍下屈，双手腕交

心悟锤

叉于胸前，同时顺随重心上拔、下沉之势而双小臂同时交叉渐稍内旋，以至双十腕继续交叉又向内翻掌于胸前（右手掌于下），双掌心均向下。随即，重心继续渐下沉至极，左膝同时随势下屈至极限，双手臂屈肘至其手腕交叉于胸前同时顺随其势，渐向下伸肘，并继续屈腕交叉下压至小腹前。不停，右脚于前渐稍提膝，伸踝其足尖并渐向后经左踝内侧，即渐向右横迈一步，以至双足平行并稍宽于肩，双膝稍下屈。不停，重心上拔，双膝随之渐上伸而至双膝微屈，双手臂屈肘至其手腕交叉腹前，同时顺随其势而以肩关节为轴心，以至双手臂分别向腰胯两侧外展、伸腕并小臂稍外旋而下垂，其掌心均向后。不停，重心稍下沉渐移至右脚，右膝随之稍下屈，左脚于右脚左侧，即渐稍提膝、伸踝而向右横移至右足踝内侧，其足尖先着地，即足跟渐向下踏实而双足平行，成并步。不停，随呼吸，重心上拔而至双膝稍上伸并微屈。双手臂于腰胯两侧下垂，同时顺随其势而双小臂均渐外旋，以至掌心均向内。不停，随呼吸，双脚并步，双膝微曲，双手臂自然下垂，虚灵顶颈，稍含胸拔背，肩沉肘坠，收肛腹实，意定丹田，立身中正，自然而然，吐纳静立片刻。

　　🟠 要领：套路之操练乃动功之修炼。古人云："拳打千遍身法自如。"在总个套路之操练中，务必专心专意并善始善终，切忌虎头蛇尾，心浮气躁而草草收场。当套路操练完毕，最好能继续顺应其吐纳而静立片刻，其练拳之效果自然不言而喻。

2015 年 2 月 13 日定稿于龙祥康复堂工作室

清平乐·心悟锤

清修拾捻。忘我勤锤炼。医武文理相聚汇，华夏精髓荟萃。

心悟锤舞神州。祺福今日环球。德智体美传统，复兴伟业将成。

易仲祥撰书于乙未年十月初六

清平乐·心悟锤

清修拾捻，忘我勤锤炼。医武文理相聚汇，华夏精髓荟萃。

心悟锤舞神州，祺福今日环球。德智体美传统，复兴伟业将成。

易仲祥撰书于乙未年十月初六

菩萨蛮·潜修心悟锤

呼吸吐纳乾坤气，潜修悟道求真谛。腰胯统全身，沉浮吞吐松。
贯穿医与武，智慧圆旋舞。无我养精神。健康久视人。

易仲祥撰书 乙未年冬至

第四章 > 心悟锤乙路 六十式图解

　　古往今来，凡习武者都非常注重手、眼、身、法、步之基础训练。在这些基础操练中，相比之下对于眼睛、眼神之训练以及眼神在武术套路操练中的作用和其重要性，却较容易被人们所忽略。然而，在传统武术操练中，有许多意识修炼必须依靠于眼睛来传导。在武术击技中，对于敌方之攻防判断更加离不开眼神来识别。因此，要提高眼神在手、足、身之间的协调统一之质量，就务必加强眼睛、眼神之修炼，在武术套路操练时，眼睛和面部肌肉务必放松，放松，再放松，切忌面目紧张，甚至其表情紧张至狰狞。因为，面目紧张阻碍了精气之腾发，从而导致口腔内津液不能正常地产生和良性循环。中医认为，肝开窍于目，通过导引之法，促进了眼睛和足阙阴经之间的相互联系，其手、眼、身法、步即自然而然之协调统一，以至丹内之炁顺应而升，并成腾发之势，日积月累，其眼神逐渐犀利而炯炯有神，"眼睛是心灵的窗户"，透过眼神即可看出其五脏六腑之健康，只有眼明方能手捷，只有血气方刚方可眼明手快。

　　要理顺好眼神和手、足、身之间的协调关系，在套路操练中，其一般情况下眼神以自然平视前方尚妥，如果在不影响立身中正，顶头悬之原则上，如左顾右盼之状态等，眼神随手而动亦无可非议，只有遵循此法则，才能保证任、督二脉之中正自然，并稳定自如。如"牛气冲天"一式，当右虚步，双手交叉于额前，其眼神务必在不妨碍顶头悬之状态下，稍斜上而视其前方，如果眼神随额前之手而动，即可"丢顶"，从而失去了任、督二脉之自然中正，一旦中正失守，阴阳二气之贯通与平衡即受干扰，从而明显降低了练功之质量。为此，正确协调好手、眼、身、法、步之间的统一关系，不但充实了练拳之内在质量，同时也提高了套路操练之外在直观美感，使全身上下左右均圆活于一体，随着眼神恬于其分之点缀，便能使整个套路表里如一而生气勃勃。

图 5-1

一、预备式、起式（面向南方）

🌰 动作（如图 5-1）：双脚自然并拢，双膝微屈，双手臂自然下垂，双掌心自然向内，呼吸在自然而然之基础上稍细而长，齿轻阖，唇微闭，双目自然向前平视，虚灵顶颈，沉肩坠肘，收肛实腹，稍含胸拔背并立身中正自然。

🌰 要领：预备式、起式是操练套路前的内外准备之十分重要程序，尤于四季之春，一日之晨，即通过自然呼吸，意守丹田，从而凝神调息至任督二脉松弛，阴阳平衡，安舒内守。为此套路操练前预备式可稍多用功调息，以至心不外驰，神不外游，情不妄动，并务求在整个套路操练中善始善终，切忌虎头蛇尾。

心悟锤

120

图 5-2

二、童子敬佛、要静心

　　动作（向南、如图 5-2）：接上式，双脚自然并拢，双膝微屈，双手臂自然下垂，掌心均向内。不停，随呼吸，重心下沉，双膝渐下屈至极，双手臂于腰胯两侧下垂，同时顺随重心下沉之势而小臂均渐内旋，以至双手掌心向后。不停，重心上拔，双膝渐向上伸膝，以至双膝直立。双手臂于下垂，同时顺随重心上拔之势而小臂继续内旋，以至双掌心向外，不停，重心下沉双膝下屈至极限，双手臂于下垂同时顺随其下沉之势而继续内旋至极限，并沉肩坠肘。不停，重心于双足之间渐移至右足，左脚顺随其势渐稍提膝、伸踝而至其足跟随之渐离地面，其足尖向下，并稍点地。不停，随呼吸，右脚稍下沉，左脚渐向左横迈一步，其足尖先着地，并双足平行而稍宽于肩，重心随之渐向左移即稍下沉，以至左足跟着地，其重心即平衡于双足之间，双膝稍下屈。随即腰胯上拔至双膝直立，双手臂下垂于腰胯两侧，其掌心均向外不动，随即腰胯稍下沉而至双

121

膝随之而稍下屈，双手臂下垂于腰胯左右，同时顺随其下沉之势而渐向上屈腕，以至其掌心均向下。不停，随呼吸腰胯稍上拔即重心下沉，以至双膝下屈成正马步。双手臂于腰胯两侧下垂，同时顺随重心下沉而双手臂均渐继续外旋，并以肩关节为轴心即继续伸肘，而外展至双肩之左右，双手臂均平肩，双掌心向上。

图 5-3

动作二（向南、如图 5-3）：正马步，双手臂外展于双肩之左右，并均平肩，双掌心均向上。不停，随呼吸，双手臂于两侧外展而继续伸肘，并以肩关节为轴心，于两侧向上伸腕即渐上举至头顶，以至双掌心微合十。腰胯于下沉，双膝于下屈，同时顺随重心上拔，双手臂上举之势其腰胯随之上拔、双膝随之向上伸直，成双脚直立，双手臂上举至双掌合十之式。不停，腰胯下沉，双膝渐下屈成正马步。双手臂于上举双掌合十，同时顺随腰胯下沉之势而渐向下屈肘，以至双掌屈腕合实而立于胸前，双手中指尖平眉心，成正马步，双掌合十作揖拜佛之式。

要领：当双足稍宽于肩而直立，即重心下沉至双膝下屈，成正马步，双手于腰胯两侧下垂随之而外旋、外展以至双手臂平于肩之左右时，腰胯之下沉和双手臂之外展务必同时协调统一。当正马步双上肢外展时，务必尾闾中正，并意引双手指尖于左右。当双手臂上举至腰胯同时上拔，双膝随之上伸时，务需以手带身并力求统一协调。当腰胯下沉成正马步之式，双手臂随之沉肩、屈肘以至双掌屈腕合实成拜佛姿势时，务必以身带手而形成整体感。在正马步的整个形成过程中，务必百会上拔，尾闾下沉，并从尾椎开始至整个脊椎按顺序：尾骨、腰底椎、腰椎、胸椎、颈椎（共 26 节）一节一节成上下牵引之意境。

心悟锤

图 5-4

三、推窗望月、意开门

　　🌸 **动作**（向南，如图 5-4）：接上式，正马步，双手臂向内屈肘并屈腕以至双掌合十，成作揖拜佛之式。不停，随呼吸，正马步，双脚不动，双手掌合十同时稍向前推，随即腰胯渐向右旋转，右手臂屈肘于侧立掌，同时顺随腰胯向右旋转，于左手掌之右侧即以肩关节为轴心向右稍屈肘，并小臂内旋，以至右手掌成横掌之式而横扫于右额前，其手臂平肩，掌心向外，手指向左，手掌正对右膝尖。左手臂稍屈肘，侧立掌于前伸，同时顺随其势，即尾随右掌而小臂内旋至双掌示指相连于右额前，其掌心向外。不停，随呼吸，腰胯向左旋转，右手掌于右额前不动，左掌于右掌侧，同时顺随腰胯向左旋转而以肩关节为轴心，稍屈肘并于右向左横扫至左前，其掌心向外，手指向右，其手掌正对左膝尖。不停，随呼吸，双手臂于额之两侧不动，腰胯于左稍向右旋转，而至成正马步。双手臂成左右圆环亮掌之式。

　　🌸 **要领**：当右、左手臂分别顺随腰胯旋转至右、左额头之侧前时，均务必以身带手而形成整体，并力求正马步稳实、虚灵顶颈而中正自然。

123

图 5-5

四、意搏云天、外穿连

动作（向西，如图5-5）：接上式，正马步，双手臂均稍屈肘、屈腕并向额头两侧前成圆弧形而伸掌，其手臂平肩，双手指相对，掌心均向外。不停，随呼吸，腰胯向左旋转，重心于双足之间渐移向左脚，左膝同时顺随其势而向左前屈膝，右膝随之向左伸直，成左弓步（向东）。右手臂于右额前，同时顺随腰胯左旋转，其小臂渐稍外旋并腰右伸肘、伸腕以至右手臂向腰右后而伸掌，其手臂稍低于肩，掌心向右。左手臂于左额前，同时顺随其势而向左伸肘、伸腕，并小臂外旋，以至左手臂前伸于额前，其手臂稍高于肩，掌心向右（向东）。不停，左弓步，腰胯继续向左旋转，双脚保持原式不动，右手臂于腰右后伸掌，同时顺随腰胯向左旋转即以肩关节为轴心，于腰右后向下，经小腹成弧形并手臂内旋，以至其手臂下垂于左膝内侧前，其掌心向右。左手臂于前伸同时顺随其势而向内屈肘并伸腕，以至左小臂斜立于胸前，其手掌立于右耳门之下，掌心向外（向东）。不停，随呼吸，重心稍上拔即腰胯向右旋转，左膝顺随其势而向上伸直，

右脚顺随其势而继续向上州脉……并乎其足跟上抬而稍离地而……其足前掌着地，以至重心其木平衡于双足之间，白于臂下左膝前，同时顺随重心上级腰胯向右旋转其势而小臂向上内旋，并屈腕即以肩头节为轴心而伸肘……于卜同前成圆弧上举至头顶，掌心向上。左手臂屈肘于胸前，同时顺随其势而小臂渐内旋向下伸肘、屈腕以至左手臂下垂于腰胯之左侧，掌心向外。不停，腰胯继续向右旋转，重心于双足之间渐向右移，右足跟随势而着地，右脚随之向右而屈膝，左脚顺随其势而向右伸膝，成右弓步（向西）。右手臂于上举，同时顺随腰胯向右旋转，重心右移之势而手臂外旋，伸肘、伸腕并以肩关节为轴心，于上成圆弧形向右前而伸掌，以至右手臂前伸于额前，其手臂稍高于肩，掌心向左。左手臂于腰胯左侧下垂，同时顺随其势而手臂内旋，伸肘、伸腕，并以肩关节为轴心向腰左后而伸掌，其手臂稍低于肩，掌心向上。不停，随呼吸，腰胯渐稍左旋，即渐稍右旋。右手臂于前伸不动，左手臂于左后伸掌，同时顺随其势而手臂外旋并继续向后伸掌，其手臂稍低于肩，掌心向左。以至双手臂于前后伸直成一斜直线（前稍高于后）。成右弓步担山之式。

要领：该式从正马步转换成左弓步，再至右弓步之式，双手臂顺随其重心移动而变换，并以肩关节为轴心成弧形而旋动时，务必双手臂顺随腰胯之势充分协调而动，即舒展圆旋，并有搏云撩雾之意境。

图 5-6

五、二郎担山、右至左

动作（向东，如图5-6）：接上式，右弓步，右手臂伸肘，伸腕而向前伸于额前，其手臂并稍高于肩。左手臂伸肘、伸腕向左后而伸，其手臂稍低于肩，双掌心均向左，双手臂于前后成一斜直线。不停，随呼吸，双手臂前后平伸不动，其腰胯渐向左旋转，重心于右脚同时顺随腰胯向左旋转而渐移向左脚，左脚顺随其势向左前屈膝，右脚同时顺随其势渐向左伸膝，成左弓步（向东）。右手臂于向前伸掌而转换成向后伸掌，左手臂于后伸掌而转换成向前伸掌。右手臂稍低于肩，左手臂稍高于肩，其掌心均向右。成左弓步担山之式。

　　要领：该式中，其双手臂于前后而平伸均基本不动，只是由原右弓步转换成左弓步，并且双足于原地以其足前掌和双膝关节顺随腰胯旋转而调整其重心。在重心转换过程中，双手臂务必同时注重两个意境：其一，右弓步转换成左弓步时，前后手指尖均同时有向两端牵拉之意感。其二，重心转换时，双手臂有承担千斤下压之意境，故该式名曰：二郎担山。

图 5-7

六、盘龙卧虎、右单鞭

🌸 **动作**（向南，如图 5-7）：接上式，左弓步，左手臂伸肘而向前伸，其手臂稍高于肩，掌心向右，右手臂伸肘向右后而伸，其手臂稍低于肩，掌心向右。不停，随呼吸，腰胯渐向左旋转，重心同时顺随其势完全渐移至左脚，右脚同时顺随其势而渐稍提膝、伸踝而至右足尖轻贴地面即上步至左足跟内侧，其足尖点地，成右丁步。腰胯随之继续渐稍左旋（向北）。右手臂于后伸，同时顺随腰胯向左旋转，即重心前移之势而以肩关节为轴心并继续伸肘、伸腕而于右后向右下成圆弧形并手臂外旋，以至右手臂下垂于右膝外侧，其掌心向内。左手臂于前伸，同时顺随其势而向内屈肘、伸腕并小臂稍内旋，以至左小臂斜立于胸前，其手掌而立于右耳门前，掌心向外。不停，右丁步，重心下沉至极，左脚随势下屈至极，右脚同时顺随其势向右后撤一步，并向前伸膝，成左弓步。随即腰胯向右后旋转，重心于左脚渐移向右脚，右脚同时顺随其势向右前屈膝，左脚同时顺随其势而向右伸膝，成右弓步（向南）。右手臂于右膝外侧下垂，同时顺随腰胯向右后旋转，重心右移之势而继续伸肘、伸腕并以肩关节为轴心，于下经右外（向后转身）而伸向额前，其右掌平于额头，掌心向左。左手臂屈肘于胸前，同时顺随其势，于上向左后而伸肘，并小臂稍内旋而至左手臂向左后伸掌，其手臂稍低于肩，掌心向上。成右弓步，右手臂伸肘而向前伸，左手臂向左后伸肘之式。

🌸 **要领**：该式在操练中要特别注意其方位变换，以避免造成方位错误。如该式为左弓步，左手前伸，右手后伸时应面向东方，即左弓步向东方。腰胯向左旋至右脚上步于左踝内侧成右丁步时，面已转至北方，当右脚向左后撤一步，随即腰胯向右旋转成右弓步时，面已转向南方。在套路习练中务必把握其方位，以至套路之开始和结束均在同一位置，并且方位不变。

图 5-8

七、饿虎捕食、意双掌

🟠 **动作**（向南，如图 5-8）：接上式，右弓步，右手臂伸肘而向前伸，其手臂稍高于肩，掌心向左。左手臂伸肘而向左后斜下而伸，其手臂稍低于肩，掌心向上。不停，随呼吸，腰胯稍向左旋，右手臂于前伸不动，左手臂于左后伸肘，同时顺随其势而外旋至其掌心向左，随即腰胯向右旋转，后伸之左手臂，同时顺随腰胯向右旋转之势，而继续伸肘、伸腕并以肩关节为轴心，于左后经左外向左前成弧形而渐横扫至额前，以至其左掌于右掌之左侧，双掌心相对均平于肩。不停，右弓步，重心稍向前移，双于臂于前伸同时顺随重心稍前移而双小臂内旋，以至其掌心均向下并同时稍下按。不停，右弓步，重心稍下沉即稍上拔，双手臂于前伸同时顺随其势而稍坠肘并稍屈肘，即以肩关节为轴心而向下渐按压至右膝两侧，双掌心向后。随即，重心稍下沉，右膝稍下屈，左脚于后同时顺随其势而稍提膝，伸踝并上前一步，其足跟着地，足尖上翘，重心随之于右脚渐移向左脚，左膝顺随其势即向前屈膝，右膝随之而向前伸直，成左弓步。双手臂于右膝两侧，同时顺随重心前移之势而继续伸肘、伸腕，并以肩关节为轴心

心
悟
锤

而手臂均渐外旋，即于前下，向后，即上举向头顶两侧成圆弧形直扑，伸压至额前，双手臂平肩，其掌心均向下。成左弓步，双手臂向前伸之式。

要领：当右弓步双手臂于前伸而稍下压时，务必顺随重心下沉之意识，并沉肩坠肘。当双手臂下垂至右膝两侧时，亦务必顺随腰胯其势而动，同时虚灵顶颈，下垂之双手掌指有钻地入泥之意境。当左脚上前一步，成左弓步，双手于右膝两侧同时向后，并以肩关节为轴心伸肘，成圆弧状直扑向额头前时，双手务必顺应重心前移之势，倾其全身而赴向前。故此式曰"饿虎捕食"，但该式应始终保持重心平衡并立身中正而自然。

图 5-9

八、随波逐浪、尾颅正

动作（向北，如图 5-9）：接上式，左弓步，双手臂伸肘、伸腕而向前伸，其手臂均平于肩，掌心均向下。不停，随呼吸，左弓步，重心稍前移即稍下沉，双手臂于前伸，同时顺随重心转移之势而稍前伸即双手臂稍下压，随即重心渐向后移并稍下沉，右膝同时顺随其势而渐下屈，左脚同时顺随其势而向后渐伸膝并至其足跟着地，足尖上翘，成左虚步。双手臂于前伸，同时顺随重心后移并渐下沉之势而稍向后稍屈肘，以至双手臂稍屈肘而向前下斜伸于腹前（左膝上方）。不停，左虚步，重心稍下沉，即腰胯渐向右旋转，左脚于前伸，同时顺随其势而以其足跟为轴心并至其足尖右转，而继续向右伸膝。右脚同时顺随其势，以其足前掌为轴心随之旋动，至右脚向右前方而屈膝（向北），成右弓步。右手臂屈肘于腹前，同时顺随腰胯向右旋转之势而以肩关节为轴心，即向右后渐屈肘，并小臂渐内旋，从下向后上至右手臂稍屈肘于右额前，其掌心向右。左手臂屈肘于腹前同时顺随其势，即尾随右手臂之后而伸肘，伸腕并以肩为轴心于前向后小臂渐外旋，成弧形而至左手臂伸于额前，其手臂稍高于肩，掌心向右。不停，右弓步，腰胯向左旋转，重心于右渐移向左脚，左脚顺随其势而向左前屈膝，右膝随之而向左伸直，成左弓步（向南）。左手臂于前伸（北）同时顺随腰胯向左旋转，即以肩关节为轴心向左而小臂内旋，并稍屈肘，于右向左成弧形横扫至左额前，其手臂稍高于肩，掌心向左。右手于右额前，（向北），同时顺随其势而稍屈肘，并小臂稍向下外旋，以至其手臂稍低于肩而掌心向下，随即以肩关节为轴心，跟随左手而动，即向左上伸肘，伸腕并手臂外旋，以至其手臂伸于右额前，其掌心向左。不停，随呼吸，腰胯向右旋转，重心于左脚渐向右移，以至右脚向右前屈膝，左脚随之向右前伸膝，成右弓步。右手臂于前伸（南），同时顺随腰胯向右旋转，重心右移之势即向右屈肘并小臂内旋，以至右手臂屈肘于右肩前，其肘尖平于肩，而右小臂横于胸前，其掌稍低于其肘尖，掌心向下。左手臂于左额前伸同时顺随其势，即以肩关节为轴心于左上向右下而伸肘并小臂外旋，以至其手臂向腰胯左侧前而斜下伸掌，其掌心向前（与右手同指向左下侧同一目标点，即西）。成右弓步，右手臂屈肘于右肩前，左手臂向腰左前斜下伸掌之式。

要领： 当左虚步形成时，双手臂务必在整个重心后移过程中，处于沉肩坠肘下压之势态，当左虚步转换成右弓步，再从右弓步至左弓步时，双手臂务必均顺随腰胯旋转而动，其势犹如随波逐浪之意境。

心悟锤

图 5-10

九、天翻地覆、腰胯劲

动作（向北，如图 5-10）：接上式，右弓步，右手臂屈肘于右肩前，其肘尖平于肩，右小臂横于胸前，其掌稍低于其肘尖，掌心向下。左手臂向腰胯左侧前斜下伸肘、伸腕其掌心向前（双手其掌指同指左下侧同一目标点）。不停，随呼吸，腰胯向左旋转（从北向南），重心于右脚渐移向左脚以至左脚向左前屈膝，右脚随之向左伸膝，成左弓步（向南）。左手臂于腰胯左侧前斜下伸肘，同时顺随腰胯向左旋转之势而于下向上而屈肘、伸腕，以至左手掌立于右耳门前，其掌心向外。右手臂于右肩前屈肘同时顺随其势，而向左下伸肘，伸腕并小臂外旋，以至其手臂下垂于左膝内侧，掌心向前。不停，随呼吸，左弓步，腰胯疾速向右旋转，左脚同时顺随其旡势迅速蹬地，以至其膝向右绷直（从南向北），右脚随之迅疾向右屈膝，成右弓步。右手臂于左膝内侧下垂（向南），同时顺随其旡势，而以肩关节为轴心（右转身）向右上稍屈肘，并小臂迅速内旋、屈腕、翻掌以至其手臂向上架掌于右额前，其掌心向上。左手臂屈肘至其掌立于右耳门前，同时顺随其旡势而向左后下疾速伸肘，屈腕而翻掌以至其手臂向左后斜下而伸掌，其掌心向下。成右弓步，右手臂架掌于右额前，左手臂下压全腰左后之式。

图 5-11

十、牛气冲天、双按掌

动作（向北，如图 5-11）：接上式，右弓步，右手臂稍屈肘，屈腕上架于右额前，其掌心向上。左手臂向左后下伸肘，屈腕，并斜下而后伸（压），其掌心向下。不停，随呼吸，右弓步，腰胯稍向右旋，其重心不变。右手臂架掌于右额前，同时顺随腰胯右旋之势，其手臂稍向下沉肘、伸腕并小臂渐外旋，以至其小臂斜立于额前，其手指稍高于额头，掌心向内。左手臂于腰左后，同时顺随其势，而以肩关节为轴心，从左后下向右上而屈肘，并小臂渐外旋而至左掌于右额前，即与右手腕成交叉之势，右掌于内，其双掌心均向内。不停，

心悟锤

132

右弓步，重心于右脚渐移向左脚，左脚同时顺随其势而向下屈膝并下沉，右脚随之同时向后而伸膝，以至其足跟着地，足尖上翘，成右虚步，双手臂同时而立其双手腕交叉于额前，同时顺随重心后移，而同时均屈沉肘，以至双手臂屈沉肘于胸之左右，并双手腕交叉于胸前，双掌心向内。不停，右虚步，并腰胯稍向左旋即再稍向右旋，双手腕交叉于胸前，同时顺随其势而双小臂均渐分别向右、左下稍伸肘并内旋，以至双手臂稍屈肘、伸腕于腰胯之两侧前而稍斜下垂，其掌心均向下。不停，重心于左脚渐移向右脚，右脚同时顺随其势而向前屈膝，左脚同时随之而向前伸膝，成右弓步。双手臂于腰胯两侧前斜下垂，同时顺随重心前移之势，而以肩关节为轴心稍屈肘，并于下向上稍内旋，以至双手臂向前伸于胸前，其手臂稍低于肩，掌心向下。不停，随呼吸，右弓步，重心稍下沉，双手臂稍屈肘、伸腕于胸前，同时顺随重心稍下沉之势其双小臂均稍外旋并下压于腹前，双掌心均向下。成右弓步，双手臂稍屈肘并向下压按掌之式。

要领：在该式中所出现的步型变换，以至重心移动，务必均保持立身中正自然，切忌丢顶，并注重在其重心移动过程中确保平稳，且速度均匀，虚灵顶颈而坐胯收臀。

图 5-12

十一、瞻前顾后、左炮拳

动作（向南，如图 5-12）：接上式，右弓步，双手臂稍屈、坠肘而前伸于腹前，双掌心向下。不停，随呼吸，右弓步，重心继续前移至右膝稍前屈而下沉，左脚于后伸同时顺随其势而渐稍提膝，伸踝并上前一步，其足跟先着地，足尖上翘。右手臂稍屈肘于腹前而稍前伸，同时顺随其势而稍向右内旋以至其手臂稍屈肘而伸于右胸前，其手臂稍低于肩，掌心稍向右，左手臂稍屈肘于腹前而伸，同时顺随其势稍向下外旋而至其手臂稍向下斜伸于小腹前，不停，重心继续前移，腰胯并向右后旋转（于北向南），左脚于前同时顺随重心前移、腰胯向右后旋转之势其足前掌稍向右旋而着地，其膝同时稍向前屈。右脚于后屈膝，同时顺随其势而向前伸膝并以其足跟为轴心即顺时钟方向而旋转至（右旋转身后）左脚前，其足跟着地，足尖上翘，成右虚步（向南）。双手臂稍屈肘于前伸，同时顺随腰胯向右后旋转，而以肩关节为轴心向右后旋转而动：即右手臂于前下（转身）渐向右上而小臂渐内旋（后转身向南），以至其手臂稍屈肘，屈腕而上举至右额之上，其掌心向上（已向南）。左手臂于前下（向北），即（后转身）小臂渐外旋并向右上伸肘，以至其手臂向前伸于左额前，其手臂稍高于肩，掌心向上（已向南）。不停，右虚步，腰胯渐向左旋转并重心向前移至右膝而向前下屈，左脚于后随之向前伸直，成右弓步，右手臂上举于右额之上，同时顺随其势而以肩关节为轴心，其手臂外旋，并向前伸肘、伸腕而劈至额之前方，其手臂稍高于肩，掌心向上。左手臂于前伸，同时顺随其势向后而屈肘并内旋，以至左手臂稍屈肘，伸腕其手掌收缩于右胸前，其掌心向下。不停，右弓步，腰脊上拔至双膝向上而伸，双手臂于原位置同时顺随重心上拔之势而小臂均稍内旋，以至双掌心向下，随即重心下沉至双膝同时下屈，成侧马步。双手臂于原位置，同时顺随重心下沉之势均渐握拳，并小臂外旋而下压至右膝前后（右手于膝前），拳心均向上。不停，随呼吸，左足迅速蹬地，腰胯疾速向右旋转，左手握拳于右腹前同时顺随其炁势，而小臂迅疾内旋并向前斜上伸拳，其手臂稍高于肩，拳心向下。右手臂握拳于膝前，同时顺随其炁劲而握拳内旋并向腰右后而迅速斜下伸拳，其拳心向上。成右弓步，左炮拳之势。

🔶 **要领**：当右弓步，左脚上前一步即渐向后旋转身时，务必形随气引方能至以慢、匀、稳并保持平衡中正而自然。当左炮拳形成时，务必顺应丹内之炁，以炁催劲方能劲整力透。再者，左手用拳乃大部分习武者之弱项，故平时应加倍操练左拳、左掌之发劲。

🟠 心
悟
锤

十二、灵猫捕鼠、架炮拳

🟠 **动作**（如图 5-13）（向西，如图 5-14）：接上式，右弓步，左手握拳向前斜上而伸拳，其手臂稍高于肩，拳心向下。右手臂握拳于右后斜下而伸，其手臂稍低于肩，拳心向上。不停，随呼吸，重心继续移至右脚，左脚于后同时顺随其势稍提膝、伸踝而上前一步，其足跟先着地，随即重心继续移向左脚，左脚顺随其势而至其足前掌着地，并至左膝随之而前屈。右膝同时顺随其势而向左前伸直，成左弓步。不停，随呼吸，重心渐下沉至左膝其右膝同时顺随其势而稍前屈，成左麒麟步。左手臂握拳于前伸，同时顺随重心下沉之势而伸指成掌，并以肩关节为轴心，于上向左下至左后下伸肘并渐握拳而后伸，其拳心向后。右手臂握拳于右后，同时顺随其势而握拳，并小臂渐外旋，而从右后经右下向前斜上即稍屈肘，屈腕，以至右小臂握拳而伸于腹前，其拳心向上。成左麒麟步，右下勾拳之式。不停，腰胯渐稍向右旋而重稍上拔，随即腰胯渐稍向左旋，重心随之向前而移，以至左膝稍向前屈，右脚于后随之向前伸直。右手臂屈肘至小臂握拳于腹前，同时顺随腰胯向右，左而旋之势，手指渐伸成掌，小臂先内旋即稍外旋并向前下稍伸肘而至掌心向后，以至右手臂稍斜垂于腹前。

图 5-14

左手臂握拳于左后伸，同时顺随其势即以肩关节为轴心，稍屈肘，从后下经腰胯之左，绕至腹前而手臂下垂并先内旋即外旋（其小臂先随腰胯右旋而内旋，再随腰胯稍左旋而稍外旋），以至其掌心向后，并与右手臂均平行而稍斜前垂于腹前。不停，重心稍上引即下沉至左膝前屈，右膝随势而同时向前伸直，成左弓步。双手臂斜垂于腹前，同时顺随其重心变换而下垂于左膝前。不停，随呼吸，重心于前向后而移，右脚同时顺随其势而至其膝下屈，左膝同时随之而向后伸直，以至其足跟着地，足尖上翘，成左虚步，双手臂于左膝前下垂，同时顺随其势而以肩关节为轴心，并继续伸肘成弧形，于前向身后并垂而外旋，以至双手臂下垂于腰胯两侧之后，其掌心向前。不停，左虚步，重心上拔即于后向前而移，左脚于向后伸膝同时顺随重心上拔前移之势，而向前屈膝。右脚于下屈同时顺随其势而先向上伸膝，即稍向前提膝，伸踝并向前经左踝内侧而向右横迈一步，其双足稍宽于肩，双膝即同时稍下屈。双手臂于腰胯两侧之后下垂，同时顺随其势而以肩关节为轴心，伸肘，伸腕，于下向后上成圆弧状而手臂外旋并上举至头顶，双掌心均向前。不停，重心下沉，双膝顺随其势而继续下屈，成正马步。双手臂于上举同时顺随重心下沉，双膝下屈之势即以肩关

节为轴心而稍屈肘，并从上向前下而按压至双手掌于腹前，其掌心均向下，成正马步，双按掌之式。不停，腰胯向右旋转，重心于双足之间渐移向右脚，右脚顺随其势向右前屈膝，左脚同时随之向右伸直，成右弓步（向西）。右丁臂稍屈肘于腹前渐握拳，同时顺随腰胯向右旋转而以其肘关节为轴心，于下向上至右小臂握拳直立于眉额之前，其拳面平额，拳心向左。左手臂稍屈肘于腹前同时顺随其势渐握拳，其小臂稍屈肘而外旋，随即渐内旋并向右膝前上方伸肘，以至左拳伸向胸前，其手臂平肩，拳心向下。成右弓步，右架拳，左直拳之式。

要领：当右弓步左炮拳至麒麟步右下勾拳时，务必注重以下要点：其一，注重顺用腰胯旋转之巧劲；其二，注重左手臂从上向下，而右勾拳是从下向上之对应协调而统一，加之巧借重心下沉之势等诸多高度协调统一而融于一体，方能至下勾拳形成整劲并得心应手。当左虚步，右脚上前于左足之内踝即向右横迈一步，双手臂于后经上并铺伸至前方时，双手臂务必巧借重心转换下沉之势，方能具有整劲形成之感受。

图 5-15

十三、二虎擘牙、左倒肘

动作（向南，如图 5-15）：接上式，右弓步，右手臂握拳屈肘至其小臂直立于眉额之前，其拳面平眉额，拳心向左。左手臂握拳前伸，其手臂平肩，拳心向下。不停，随呼吸，右弓步，腰胯向左旋转，重心随之于右脚渐移向左脚，并平衡于两足之间。双膝随之即渐下屈，成正马步。左手握拳于前伸同时顺随腰胯向左旋转之势，其手臂向后屈肘并小臂外旋，即于前向左后而至其小臂横于左上腹前，其拳心向上。右手臂握拳屈肘至其小臂立于右额前，同时顺随其势而继续握拳、屈肘并于上向下其小臂外旋，以至其小臂远端下压于左拳面之前，拳心向上。不停，双手握拳于腹前不动，即顺随腰胯向右旋转，重心随之于左渐移向右脚，右脚顺随其势而向右前下屈，左脚随之同时向右伸直，成右弓步。双手握拳于上腹，同时顺随其势而小臂同时内旋并向下伸肘，伸腕，伸指而下垂于右膝两侧，其掌心均向后。不停，随呼吸，右足疾迅蹬地，腰胯同时顺随其势迅速向左上旋转，重心向左而上拔，以至左膝迅速向上稍伸膝，右脚随之疾速向左上方伸膝。左手臂于右膝前，同时顺随腰胯向左上旋转，重心上拔之势而疾速向左上方屈肘并以肩关节为轴心，于下向左后上以肘尖成倒肘攻击之式，以至其肘尖于左后上方向，并稍高于左耳，掌心向下。右手臂于右膝外侧同时顺随其势而垂于腰胯之右侧，掌心向内。

🌣 **要领**：在其整个组合运动中，务必注重左倒肘之操练，并且着重于左、右手之反复单操，使其劲路完整。但是，对于初入门练习者来说，在其操练中务必从轻渐重，循序渐进，从而避免造成软组织损伤，另外对于长期伏案工作的女性练习者，更应当按其要求加强该式操练，以利其胸乳康健。

十四、劈挂连环、右炮拳

🌣 **动作**（向西，如图 5-16）：接上式，左脚直立，右脚稍向左伸膝。左手臂向左后上屈肘至极，其肘尖至左后上方，肘尖稍高于耳尖，掌心向下。右

手臂下垂于腰胯之右侧，其掌心向后。不停，随呼吸，腰胯向左旋转，重心即向左而移，左脚顺随其势而向左屈膝，右脚同时随之向左而伸膝，成左弓步（向东）。左手臂于左肩向上屈肘，同时顺随腰胯向左旋转，重心向左下沉之势而沉肩并向左侧斜下伸肘，

图 5-16

以至左手臂斜下垂于腰左外侧，其掌心向左。右手臂于腰胯右侧下垂，同时顺随其势而以肩关节为轴心，其半臂同左内旋，以至右手臂向左膝前而斜下垂之，其掌心向右。不停，腰胯稍上拔即向右旋转，重心于左脚渐向右移，以至右膝向右前屈膝，左膝同时顺随其势而向右伸直，成右弓步（向西）。右手臂于左膝前斜下垂（东），同时顺随腰胯稍上拔并向右旋转之势，而以肩关节为轴心，继续伸肘并小臂内旋，即于下向右上前经头顶，成圆弧形直劈于额前，其手臂平肩，掌心向上（西）。左手臂于腰左外侧，同时顺随其势而小臂外旋，并以肩关节为轴心于下向左后而伸，掌心向上（东）。不停，右弓步，腰胯继续向右旋转，右手臂于前伸同时顺随腰胯向右旋转之势，于前向右后，而小臂内旋并向右后屈肘，以至其小臂收于腰右，掌心向上（西）。左手臂于左后伸掌（东），同时顺随其势于左后向上，并以肩关节为轴心成弧形直劈向额前，其手臂平肩，掌心向下（西）。不停，随呼吸，右弓步，腰胯疾速向左旋转，以至左足同时顺随其势势迅速蹬地而向前绷腿，右手臂屈肘于腰右侧握拳，同时顺随其势势而迅疾直伸至右额前，其手臂稍高于肩，拳心向下。左手臂于前伸同时顺随其势，向左后而迅速斜下伸拳，拳心向上。左右双手臂于前后成一斜直线。成右弓步、右炮拳之式。

要领：在该式中，从左弓步转换成右弓步，双手臂先后以腰胯为主导而成车轮式圆旋劈挂时，务必双手臂舒展圆活，并立身自然中正。同时该式可单独以肩关节为轴心，先慢而后渐稍加速，并左右反复操练之，既可预防肩周炎，又可操练出其臂劲，特别是文职工作者，老年朋友更为适合此法，但脊椎退变并伴有症状者，务必根据其自身状况慎用此法。

图 5-17

十五、左右开弓、腰为轴

动作（向南，如图 5-17）：接上式，右弓步，右手握拳斜上前伸至额前，其手臂稍高于肩，拳心向下。左手握拳于左后下而斜伸，其手臂稍低于肩，拳心向上。不停，随呼吸，腰胯稍右旋，重心于右脚渐移至左脚，左脚随势同时稍向下屈膝，右脚于前（西）随之稍屈膝并伸踝以至其足尖点地即内收至左踝内侧，成右丁步（向南），左手臂于腰左之后伸拳，同时顺随腰胯右旋、重心左移之势，而以肩关节为轴心，其小臂渐外旋而伸指成掌，并向左前屈肘，伸腕以至其小臂直立于胸前，其手指平额头，掌心向右。右手臂握拳于前伸（向西），同时顺随其势而继续握拳，其手臂向后渐屈肘，并渐外旋至其手臂屈肘而握拳丁腰右，拳心向上。不停，腰胯向左旋转，右脚屈膝于左踝内侧，同时顺随腰胯向左旋转而向后撤退一步，并向前伸膝，左脚于前随之而向下屈膝，成左弓步（向南）。右手握拳于腰右，同时顺随其势而以肩关节为轴心，其手臂渐向右外伸肘并渐内旋，再向前成弧形横扫至额左前，其拳心向下。左手臂屈肘至其小臂于胸前立掌，同时顺随其势渐握拳，并小臂渐内旋成弧形向左外至左后下而伸拳，其拳心向上。不停，随呼吸，左弓步，腰胯向右旋转，重心于左脚渐后移至右脚，左脚即渐稍提膝，伸踝经右足踝内侧而向后撤一步并向前伸膝，

心
悟
锤

140

右脚随之渐向前屈膝，成右弓步。左手臂于左后而伸拳，同时顺随腰胯向右旋转而继续伸肘，并以肩关节为轴心，经腰左外，其小臂渐内旋并横扫至额前，其于臂梢高于肩，拳心向左。右手臂握拳于左额前，同时顺随其势而继续伸肘，并以肩关节为轴心经腰右外成弧形至腰右后伸拳，其拳心向下。成右弓步，左前横拳，右后伸拳之式。

　　🟠 **要领**：在该组合动作中，连续出现两次撤步，并辅以右、左之横拳，其守中有攻，攻防并萃，故该式在操练中务必注重上下协调，方能呈现手、眼、身法、步之灵活。同时，该式既要注重击技之攻防性，又要注重身体之平衡而稳实。

图 5-18

十六、虎虎生威、架勾拳

　　🟠 **动作**（向南，如图 5-18）：接上式，右弓步，左手臂握拳稍屈肘并前伸于额前，其手臂稍高于肩，拳心向左。右手臂握拳向右后斜下而伸拳，其拳心向下。不停，随呼吸，腰胯稍左旋，重心继续稍向前下沉而至右膝继续下屈，左脚同时顺随其势而稍提膝，伸踝并于后渐上前至右踝内侧。左手臂握拳于额前同时顺随腰胯左旋、重心下沉之势而向后屈肘，并以肩关节为轴心，于上向下而小臂外旋，以至左小臂横于腹前，其拳心向上。右手臂握拳于右后而伸，同时顺随其势而稍屈肘，并以肩关节为轴心，于后向前其小臂稍外旋，以至右手臂握拳下垂于腰之右侧，其拳心向内。不停，随呼吸，腰胯左旋，重心继续下沉，右膝下屈至极，左脚于右足踝内侧同时顺随其势，而渐向前一步，其足跟先着地，足尖上翘，随即重心于右脚向前而渐向左脚，左脚同时顺随其势向前屈膝，右脚同时随之向前而伸膝，成右弓步。左手臂握拳屈肘于腹前，同时顺随重心前移而以肩关节为轴心，并小臂向上而内旋，以至左手臂屈肘上举，其小臂横架于额头之上，其拳心向前。右手臂握拳于腰右下垂，同时顺随其势而以肩关节为轴心，于下向上而屈肘，以至右小臂直立于右胸前，其拳面平鼻尖，拳心向左。成左弓步，左架拳，右勾拳之式。

　　　　要领：当右弓步转换成左弓步，左手臂屈肘同时握拳于腹前至额前，其小臂横架于额前，右手臂握拳于腰右，同时屈肘于下向上至小臂立于胸前，拳面平鼻尖。该组合动作务必注重左横架拳和右下勾拳，应顺随重心先下沉，即再前移而动，如此方能产生整体感，并成雄风之式。另左弓步时，左膝应稍内靠，右勾拳和其右肘尽可向左而坠沉，但务必在自然状况下而为之。

图 5-19

十七、翻云覆雨、左倒肘

　　动作（向西，如图 5-19）：接上式，左弓步，左手臂握拳屈肘上举至其小臂横架于额前，拳心向外。右手臂握拳并屈肘至其小臂直立于胸前，其拳面平鼻尖，拳心向左。不停，随呼吸，左弓步，腰胯向左旋转，重心同时渐前移至左脚，以至其膝继续稍下屈，右脚于后同时稍提膝，伸踝并渐上前一步，其足跟先着地，即顺随重心前移而至其足前掌着地，其膝随之向前屈

心悟锤

142

膝，左脚于后同时向前伸直，成右弓步。右手臂握拳屈肘于胸前，同时顺随腰胯向左旋转、重心前移之势而向前渐伸肘，伸指并小臂外旋以至其于臂平肩而前伸于额前，其掌心向上。左手臂于额前屈肘上举，同时顺随其势而以肩关节为轴心，成弧形于额前经上举再向左后而渐伸肘，伸指，并小臂先内旋即外旋，以至其手臂向左后伸掌，其手臂平肩，掌心向上。以至双手臂于前后成一横直线。不停，双足于原地不动，腰胯继续向左后旋转（从南向北），重心于右脚渐移向左脚，以至左脚向左前而屈膝，右脚随之向左伸膝，成左弓步。右手臂于（南）前伸，同时顺随腰胯向左后旋之势，从前（南）向后（北）上举，并小臂内旋，再向后（转身后向北，即向前）而伸肘，伸腕其手臂平肩，掌心向下。左手臂于后伸（北）同时顺随其势而向内屈肘，屈腕并小臂内旋，以至其小臂斜横于胸前，其手掌立于右耳门前，掌心向外。不停，重心于左脚渐移向右脚，右脚随之稍向下屈膝，左脚同时顺随其势而渐向右伸膝至其足尖上翘，并向后（南）退一步，以至左脚后插于右膝之后，其足前掌着地，成左后插步之式。右手臂于前伸（向北），同时顺随重心后移之势，而以肩关节为轴心并继续伸肘，伸腕经右下向右后而斜下伸掌，其手臂稍低于肩，掌心向后。右手掌立于右耳门前保持原式不动。不停，左脚后叉步，腰胯向左旋转，双脚同时于原位置不动，即均以其前足掌为轴点而旋至双足平行，并重心下沉，双膝即渐下屈，成正马步（向西）。右手臂于向右后下斜伸，同时顺随腰胯向左旋转之势而小臂内旋并向内屈肘，而至其小臂横于腰后，其掌心向外。左手臂屈肘至其手掌于右耳门前，同时顺随其势而继续屈肘并伸腕，而以肩关节为轴心，稍向左下而小臂稍外旋。以至其小臂横于腹前，其掌心向内。不停，随呼吸，正马步，腰胯稍向右旋，随即疾速向左后旋转，其氽势以至右足蹬地，其膝向左伸直。右膝同时顺其氽劲而迅速向左上方伸直，左手臂屈肘于胸前，同时顺随其势疾速向左后上继续屈肘，并以肩关节为轴心于前下向左后上方方向而冲击，其肘尖向左后上并稍高于左耳尖。右手臂屈肘于腰后同时顺随其势而向下迅速伸肘，以至其手臂下垂于右腹前，其掌心向内。成左脚直立，右脚向左斜伸而立，左倒肘向左后上方攻击之式。

　　🟠 **要领：** 该组合动作是以步法、手法、身法密切协调，以至破解敌方近身偷袭而以守为攻之手段，同时该式在破解敌方之擒拿，具有四两拨千斤之巧妙，故此，该组合动作务必反复操练而至精熟，即能随机应变之。

图 5-20

十八、饿虎捕食、左炮拳

动作（向南，如图 5-20）：接上式，双脚稍宽于肩，左脚直立，右脚向左斜伸膝而立，左手臂向左后上方屈肘至极限，并至其肘尖向左后上而稍高于耳尖。右手臂伸肘下垂于右腹前，其掌心向后。不停，随呼吸，腰胯向右旋转，重心于左脚渐移向右脚，以至右脚随势而向右屈膝，左脚随之同时向右伸膝，成右弓步（向北）。左手臂屈肘于左后上方，同时顺随腰胯向右旋转而渐向右下伸肘，并小臂稍内旋而渐下垂于右膝内侧，掌心向后，右手臂于右腹前，同时顺随腰胯向右旋转之势而手臂稍内旋，即自然移至右膝外侧，其掌心向后。不停，腰胯稍上拔即向左旋转，重心于右脚渐移向左脚，左脚同时顺随腰胯向左旋转之势而稍下沉，右脚于左脚之后，（腰胯向左旋转后）随之稍提膝，伸踝并向前一步，其足跟先着地，随即重心于左脚渐移向右脚，右脚于前顺随其势而向前屈膝，左膝同时随之向右伸直，成右弓步（向南）。双手臂于右膝两侧下垂，同时顺随腰胯上拔并向左旋转，重心前移之势而以肩关节为轴心，于

144

右下（北方）向右后，经头顶而双手臂同时旋转至掌心向前（左手臂内旋，右手臂外旋），并成圆弧向以随右脚上步而至双手臂向前而伸之，双手臂平肩，其掌心均向下（向南）。不停，右弓步，重心于右脚渐向后移，以至其重心平衡与双足之间，双膝随之而下屈，成侧马步，随即重心稍后移。双手臂于前伸，同时顺随重心下沉即稍后移之势，而稍下压即稍向后屈肘，以至双掌于右膝之上，右掌稍于左掌之前，双掌心向下。不停，随呼吸，左足疾速蹬地，伸膝，其炁劲顺于腰胯而疾速左旋转，即于右肩臂以至右手握拳而迅速斜上伸拳，其拳稍高于额头，拳心向下。左手于右腹前同时顺随其炁劲向左后斜下伸拳，其拳心向上。前后手臂成一斜直线，成右弓步，右炮拳之式。

要领：当右弓步，双手臂同时于右膝两侧向上经头顶，即随右脚上步并从上向右膝前上方伸压时，双手臂既要尽量前赴，但切忌身躯重心过于前倾而至重心失衡。当侧马步至右弓步，右炮拳时，务必以炁摧劲，从而致使"饿虎捕食"一式刚柔完美。

十九、扬鞭跃马、右箭禅

动作（向北，如图 5-21）：接上式，右弓步，右手臂握拳向前斜上直伸，其手臂稍高于肩，拳心向下，左手臂握拳向左后斜下伸拳，其手臂稍低于肩，拳心向上。不停，随呼吸，右弓步，

图 5-21 腰胯渐向左后旋转（向北），右脚即随势稍下沉，左足其前掌同时顺随其势而向右旋转，以至其足尖向前（向北），重心即于右脚渐移向左脚，左脚随之向前屈膝，右脚同时顺随其势而以足前掌为轴心向右而旋，以至其足尖向前（向北），并向前伸膝，成左弓步（向北）。双手臂于前后而伸（左手臂于后，右手臂于前），同时顺随腰胯向左后旋转而继续于前

后而伸，并均伸腕，伸指成掌（不同之处即原前右成后右，原左后成为左前）。右掌心向左，左掌心向右。不停，腰胯继续向左旋转，重心于前渐向后而移，右膝同时顺随其势而下屈，左膝随之而向后伸直，以至其足跟着地，足尖上翘。成左虚步（向北），右手臂于后伸（南），同时顺随腰胯向左旋转而以肩关节为轴心，即向前渐屈肘并小臂稍内旋，经腰右即向前（北）伸肘而小臂外旋，以至其手掌伸于额前，其掌心向上。左手臂于前（北）伸，同时顺随其势而以肩关节为轴心，并继续伸肘，于前经左下向左后，而小臂内旋，以至其手臂向左后而伸，其手臂稍低于肩，掌心向上，其双手臂于前后形成一斜横直线。不停，腰胯左旋转至极，重心于右脚同时顺随其势而渐移向左脚，以至左脚稍屈，右脚同时顺随其势而稍提膝、伸踝，并于后向前踢至胸前。右手臂于前伸，同时顺随腰胯左旋转而继续稍前伸，即以肩关节为轴心而向右下，并小臂渐内旋再向右后成圆弧状而渐后伸，其五指抓拢并屈腕，掌心向上。左手臂于后伸同时顺随其势，而以肩关节为轴心，于后经头顶上举并小臂渐内旋，即渐劈向额前，其掌心向下。成左脚独立，右脚向前箭弹腿之式（向北）不停，右脚于向前而踢，随即渐上前一步，其足跟先着地，足尖上翘，左膝随之下屈，成右虚步。右手臂于后伸同时顺随其势而小臂外旋并向内屈肘，以至右手臂屈肘握拳于腰右，其拳心向上。左手臂于前伸，同时顺随其势而渐握拳并外旋至其拳心向右。不停，随呼吸，右虚步，腰胯向左疾速旋转，重心随即迅速前移至右足前掌着地，右膝随之前屈。左膝于后同时随势向前迅速绷直，其炁劲至右手臂屈肘握拳于腰右同时向右前疾速斜上而伸拳，其手臂稍高于肩，拳心向下。左手臂握拳于前伸，同时顺随其势而向左后迅速斜下伸拳，并小臂内旋至其拳心向上。成右弓步，右炮拳之势。

要领：该组合动作务必注重腰胯、手、足之协调统一，并保持身体中正而平稳自然。

心悟锤

146

图 5-22

二十、盖地铺天、右砍掌

动作（向南，如图 5-22）：接上式，右弓步，右手臂握拳向前斜上而伸拳，其手臂稍高于肩，拳心向下，左手臂握拳，向左后斜下而伸，其手臂稍低于肩，拳心向上。不停，随呼吸，右弓步，腰胯向右后旋转（从北向南），重心继续渐移至右脚，左脚于后渐稍提膝，伸踝并向前一步，其足跟着地，即渐以足跟为轴心而至其足尖向右旋转（于北至南），随即重心于右脚渐移至左脚、左膝同时随势而向前（南）屈膝。右膝同时随之向后伸膝，以至足尖上翘，成右虚步。右手臂握拳于前伸，同时顺随腰胯向后转身，手指渐伸而成掌，并小臂内旋而稍屈肘，即以肩关节为轴心，从前上（北）经头顶随转身而下劈至右腹前，其掌心向左。左手臂于左后伸，同时顺随其势而以肩关节为轴心，并继续伸肘，手臂外旋，于左后经左下（转身）向左上而上举至头顶，其掌心向右。不停，右虚步，腰胯继续向右旋转，右脚同时顺随其势而渐稍提膝、伸踝向后退一步，重心随即稍上拔并平衡于双脚之间，双膝稍下屈。右手臂下垂于右腹前同时顺随其势稍屈肘，即以肩关节为轴心，从下向上而手臂内旋至其掌屈腕，并架掌于右额之上，掌心向上。左手臂于头顶上举，同时顺随其势即以肩关节为轴心，并小臂渐稍内旋而直劈至左膝前，掌心向下。不停，随呼吸，腰胯向左旋转，重心向前而移，以至左膝同时随势前屈，右膝于后同时随势而向前伸直，成左弓步。右手臂屈腕上举于右额之上，同时顺随腰胯左旋转、重心前移之势而以肩关节为轴心，稍屈肘、侧屈腕并小臂外旋，于上向下渐劈至左膝内侧（即小腹前），其掌心向左。左手臂于下同时顺随其势，而以肩关节为轴心稍屈肘并于下向上而手臂内旋，以至左手臂屈腕架掌于左额之上，其掌心向上。成左弓步，左架掌，右砍掌之式。

     要领：该组合动作，系一典型之以守为攻之散手击技组合，在操练过程中，务必注重上下之高度统一，方能致使其在动态状况之下的平衡而稳实，也只有反复单独操练，方能在实战中得心应手。

图 5-23

二十一、顺其自然、牛角拳

     动作（拳向北，面向东，如图 5-23）：接上式，左弓步，左手臂稍屈肘架掌于左额头之上，掌心向上。右手臂稍屈肘、侧屈腕下劈至小腹前，其掌心向左。不停，随呼吸，左弓步，腰胯稍向右旋，重心于左脚稍移向右脚并下

心悟锤

148

沉至双膝下屈，成正马步（向两南）。右手臂侧屈腕于下腹前同时顺随腰胯右旋，重心移动之势而上下向上渐屈肘，并小臂握拳渐外旋，以至其小臂横于心上腹前，拳心向上。左手臂于左额之上架掌，同时顺随其势而渐握拳，并以肩关节为轴心于上向下而渐屈肘，并小臂外旋，以至其小臂远端下压于右拳之左侧，其拳心向上。小停，腰胯稍向右旋，即向左旋转，以手臂握拳于上腹前，同时顺随腰胯右左而旋之势，双小臂即于上腹前同时内旋至拳心向下，并双手指渐伸而成掌即屈腕，以至双手掌立于上腹前，双掌心相对。不停，随呼吸，右足迅速蹬地，其氽劲同时至腰胯向右疾迅旋转，双掌于上腹前顺随其氽劲疾速向前立掌前推，双手臂平肩，双掌心向前。成左弓步，双推掌之式。随即，左弓步，重心稍上拔，双手臂于立掌前伸，同时随势渐向前伸腕而至双掌心向下。不停，重心于前渐向后移，并稍下沉至双膝下屈，成侧马步。双手臂于前伸同时顺随其势而坠肘并下压至左膝之前。随即，腰胯向右旋转，重心于双脚之间渐向后移，以至右膝同时随势向右而前屈，左膝同时随之向右伸直，成右弓步（向北），双手臂于左膝前（南）同时顺随腰胯向右旋转、重心后移之势即于前向后平行而后移至小腹前，即以肩关节为轴心并同时向右伸肘而小臂内旋至双手臂下垂于右膝两侧，双掌心均向后。不停，腰胯向左后旋转，重心于右脚渐移至左脚，而至左膝向前稍屈，右脚同时顺随腰胯旋转之势，即稍提膝，伸踝上前一步（从南向北），并向左伸膝，左膝同时随势而向左前屈膝，成左弓步。双手臂于右膝两侧（北），同时顺随腰胯向左后旋转、右脚上步之势，而以肩关节为轴心，双手臂从右下向左上旋转至掌心向前（左手于前内旋、右手随其后外旋并稍低于左手臂），稍屈肘、成弧形横扫向前，以至双手臂于（左膝前上方）额头两侧而斜上伸之，其手臂稍高于肩，双掌心向左。随即重心稍向前，双手臂同时顺随其势而稍前伸，并同时其小臂均旋转至掌心向下，成左弓步，双手臂斜上前伸之式。不停，重心下沉即后移，并平衡于双脚之间，成侧马步。双手臂于前伸，同时顺随重心下沉并稍后移之势，而以肩关节为轴心，稍屈肘、坠肘并于上向下而按压至左膝前，双手臂近平于左膝，其掌心均向下，并稍向后而移。不停，侧马步，腰胯向右后旋转，右脚于后同时顺随其势向右前而屈膝，左脚同时顺随其势而向右伸膝，成右弓步（向北）。双手臂屈肘于腰腹之左前，同时顺随腰胯向右后旋转而以肩关节为轴心，于左前向下经腹前并渐伸肘以至双手臂下垂于右膝前，其掌心均向内。不停，腰胯稍下沉即向左旋（至西方），其重心于右脚随势而稍后移至双足之间，并下沉至双膝而下屈，成正马步，双手臂于右膝前而下垂，同时顺随其势而向上渐屈肘并握拳而外旋，以至双手臂屈肘握拳于腰之左右，其拳心均向上。不停，随呼吸，腰胯稍渐向右旋，并稍下沉，随即，右脚迅疾蹬地，腰胯顺随其炁势同时迅速向腰左侧屈，左膝同时顺随其势而向左前屈膝，成左弓步。双手臂屈肘握拳于腰之左右，同时顺随腰胯向腰左侧屈，重心左移之炁劲，而向左上角疾速斜上伸拳，并小臂内旋，双拳心均向外。成左弓步，双手臂握拳向左上方斜上伸拳之式。俗称牛角拳。

🌕 **要领**：纵观该式之组合动作，务必手、足、身均高度统一，右脚上前一步时，务需步履轻灵，双手臂随腰而动时力求圆活自如，重心转换中，务求循序渐进而中正平稳，故此阳刚之炁劲爆发时方能干净利索。

图 5-24

二十二、顺水推舟、右炮拳

🌕 **动作**（向南，如图 5-24）：接上式，左弓步，腰胯向左侧屈，双手臂握拳向左上角斜上伸拳，拳心均向外。不停，随呼吸，左弓步，腰胯向左旋转，双手臂于向左侧伸拳，同时顺随腰胯向左旋转而动，即左手臂于原位置，顺随

心悟锤

150

腰胯向右旋而内旋，并伸腕，千指渐伸成掌，以至其掌心向下。右手臂握拳上向右前中伸肘，同时顺随其势而以腰胯、肩臂为轴心而伸腕，并手指渐伸成掌其掌心向下，以至其手臂平行于左手臂之右（双手臂均稍高于肩），成左弓步。双手臂斜上前伸掌之式。随即重心稍向前，双手臂于前同时顺随其势继续稍向前伸。不停，左弓步，重心稍下沉并向后移，以至左膝同时随之而下屈并稍后移，右脚于后同时顺随其势而向下屈膝，成侧马步。双手臂于左斜上前伸，同时顺随重心下沉、后移之势，于上向下稍坠肘而按压至左膝前，并随即于左膝前向后而稍屈肘，以至双手臂平行于左大腿之上，双掌心向下（左掌于膝前，右掌稍于其后），不停，腰胯向右后旋转（南），重心同时于左脚渐向右脚而移，右膝同时顺随其势向右前屈膝，左脚随之向右同时伸膝，成右弓步。双手臂于左膝之前后，同时顺随腰胯向右旋转，重心后移之势，而以肩关节为轴心成弧形，于左前经腹前而向下伸肘，并双小臂均内旋，再向右渐前伸至胸前，其手臂均平肩，掌心均向下。不停，右弓步，重心稍前移即下沉，双膝同时下屈，并即稍后移，成侧马步。双手臂于前伸，同时顺随其势而双手小臂于上向下稍内旋，并下压至右膝前，即向后稍屈肘，以至双掌于右膝之前后，其掌心均向下。不停，随呼吸，左脚疾迅蹬地，以至腰胯同时向左疾旋，其忝劲至右手臂握拳于右膝之上，迅速斜上直伸于额前，其手臂稍高于肩，拳心向下。左手臂屈肘于右膝之上，同时随势疾速向腰左后而斜下伸拳，其手臂稍低于肩，拳心向上。其手臂于前后成一斜直线，以至成右弓步，左炮拳之势。不停，右弓步，腰胯向右而旋，重心即渐后移至左脚，左脚同时随势下屈，右脚于前同时随之向后而伸膝，成右虚步。左手臂握拳于腰左后，同时顺随腰胯右旋、重心后移之势而以肩关节为轴心，其手指渐伸成掌，即于后经左下，再向前渐伸肘，并手臂外旋，以至左手臂前伸至右额前，其手臂稍高于肩，掌心向上。右手臂握拳于上前伸，同时顺随其势手指渐伸成掌，即于前向后渐屈肘并小臂外旋至掌心向上，而至其手掌收于腰右。不停，随呼吸，腰胯稍右旋至重心稍下沉，左膝随之下屈，右脚于前同时顺随其势稍提膝、伸踝即向后经左脚内踝而后退一步，其足尖先着地，重心于左脚随之渐移至右脚，右脚随之足跟着地、其膝下屈。左脚于前同时顺随其势而稍提膝、伸踝退至右踝之内侧，其足尖点地，成左丁步之式。左手于前伸同时顺随腰胯左旋、重心后移并退步之势而以肩关节为轴心，并小臂内旋于前向后下稍屈肘、屈腕以至其手掌下压于下裆前，掌心向下。右手臂屈肘于腰右，同时顺随其势立掌向前而伸（推）。成左丁步，左手臂屈腕向下护阴，右手臂屈腕立掌前推之式。

要领：当右虚步，左手臂斜上前伸，右手臂屈肘收于腰右时，腰胯务必右旋至极，以至使双手臂于前后和胸背成一直线。同样，当左丁步，右手护阴，左手单掌前伸时，腰胯务求尽至左旋，这样不但延长了攻击之长度，同时亦缩小了被攻击之部位，拳打分寸源于此理。

图 5-25

二十三、拳脚相交、腰主宰

动作（向南，如图 5-25）：接上式，左丁步，左手臂屈腕下垂至其掌下压于下裆前，掌心向下。右手臂立掌伸肘而前推至胸前，其手指齐眉心。不停，随呼吸，腰胯向左旋转，左脚屈膝、伸踝于右足踝内侧，同时顺随腰胯左旋，而稍提膝并上前一步，其足跟先着地，成右虚步，右手臂于前伸，同时顺随腰胯向左旋转之势，继续向前上方外旋而伸肘，伸腕至极限，其掌心向上并平额头，左手臂于下腹前，同时顺随其势于下向左上稍屈肘，并小臂外旋而伸腕，

心悟锤

152

以至其于掌于腰之左侧，其掌心向上。不停，左虚步，重心前移至左脚，其前足掌即着地左膝随势而下屈。右脚于后同时顺随重心前移而渐提膝于胸前，并向胸前方蹬出，其足尖内勾，以至足跟向前。左手臂屈肘至其掌于腰左，同时顺随其势而先向腰左侧稍伸肘并下垂于腰左，即以肩关节为轴心，于腰胯左侧向前而仲肘、伸腕、其手臂掌心向上，其掌平额。右手臂于前上伸，同时顺随其势而以肩关节为轴心，于前经腰胯右下，向腰右之后而伸肘并小臂内旋即向后而伸掌，其掌心向上。不停，右脚于前蹬腿后，即向后退一步，其足尖先着地，腰胯随之向左旋转，以至重心前移而促使左脚同时顺势向前屈膝，右脚于后随之向前伸膝，以至其足跟着地，成左弓步。右手臂于腰右之后同时顺随腰胯向左旋转，而以肩关节为轴心，于腰右之后，经右外渐握拳而稍屈肘，其小臂先稍内旋，即稍外旋并成弧形斜上横扫至额前。左手臂于前伸同时顺随其势，渐握拳而小臂内旋，并以肩关节为轴心，于前经左下成弧形向腰左之后而伸拳，其拳心向上。不停，左弓步，腰胯向右旋转，左脚于前同时顺随其势稍提膝，并伸踝，经右踝内侧向稍左而后退一步，并向前伸膝，以至右脚于前向前屈膝，成右弓步。左手臂于左后下握拳，同时顺随腰胯向右旋转而以肩关节为轴心，于腰左之后，经左外并小臂内旋而横扫至右肩之右侧。右手臂于额前同时顺随其势，即以肩关节为轴心，稍屈肘，于额前经右外横扫至腰右之后。不停，随呼吸，右弓步，腰胯右旋，重心移至左脚而至左脚稍下屈，右膝随之向后伸直，成右虚步。左手臂握拳于右肩前，同时顺随其势而继续向右腹而旋动，以至其左手握拳于右腹前，拳心向下。右手臂握拳于腰右之后，同时顺随其势而以肩关节为轴心自然稍后而移动，以至其手臂下垂于腰右之后，其拳心向内。不停，随呼吸，腰胯迅速向左旋转，重心移至右脚，左脚于右后同时顺随腰胯向左旋转之势，于左后伸膝，侧屈踝，并以髋关节为轴心，于左后向左前成弧形贴地而疾速横扫至左前，成侧左虚步。双手臂于腹、腰前后即向上屈肘，而至其手臂均握拳于肩右，并同时顺随其势而以肩关节为轴心，于右上向腰左之下而疾速伸肘，并斜横扫劈。以至左手臂伸肘于腰左之后，其掌心向下。右手臂于腰之左侧前，其掌心向上。不停，侧左虚步，腰胯向右旋转，重心于右脚渐稍移于左脚，即平衡于双脚之间，双手臂于腰左和腰左后同时顺随腰胯向右旋转之势，其小臂均旋转至掌心均向右而稍屈肘，并以肩关节为轴心，于左渐向右上，以至右手架掌于右额前，掌心向外。左手臂随右手之后，稍屈肘至胸前而前伸，其手臂稍高于肩，掌心向右。不停，腰胯稍向左旋，双手臂于额右和胸前稍前伸，同时顺随其势而以肩关节为轴心，并小臂向左旋（左于前内旋，右随后外旋），以至双手臂伸于额前之左右，双掌心均向左，随即，腰胯稍右旋至双膝之中间（向南），重心随之稍下沉，左手于左额前同时顺随其势，而小臂向内外旋并稍坠肘，至掌心向内，右手于右额前同时顺随其势而稍坠肘，双掌心相对并同时前伸。不停，随呼吸，重心稍上拔，即稍下沉以至双膝稍下屈，双手臂于前伸同时顺随重心先上拔即下沉之势，并小臂同时内旋至掌心均向下，即以肩关节为轴心，于前伸同时向下至双手臂下垂于腰胯两侧。双掌心均向后。

🟠 **要领**：在该式中，突显了足手并举而全面进攻，且击技性较强之散手组合。当右蹬腿，接右左横拳时，务必在立身中正自然之前提下其动作协调、连贯并至手脚在运动中统一而到位，切忌手脚忙乱，特别是武术的初练者，对此类实用性击技组合需反复单操，以至在套路操练中便于衔接连贯。另外，当双手臂于右向左下横扫，左脚于左后以髋为轴而向右勾挂至左上侧时，该式系一阳功之法，故务必反复单操。

图 5-26

二十四、风平浪静、出双掌

🟠 **动作**（向北，如图 5-26）：接上式，双足平行并稍宽于肩，双膝稍下屈，双于臂下垂丁腰胯两侧，双掌心均向后。不停，随呼吸，重心稍上拔，即下沉以至双膝稍下屈，双手臂下垂于腰胯两侧，同时顺随其势而双小臂外旋至双掌心向内，随即重心移至左脚并上拔至左膝上伸，右脚同时顺随其势向左靠拢至左踝内侧，其足尖向下点地，成右丁步。双手臂于腰胯两侧下垂，

同时顺随重心下沉而双小臂渐外旋至其掌心均向前，并以肘关节为轴心向上屈肘至极限，即双小臂同时内旋，以至双掌立于耳门之左右，掌心均向内，随即右脚向前一步，其足跟先着地，并重心前移至右脚，以至右足前掌着地，其右脚随之向前屈膝，左脚于后同时随之向前伸膝，成右弓步。双手掌于耳门两侧同时顺随重心前移之势，而小臂内旋至双掌心向前，并向前屈腕而伸肘，以至双手臂立掌前伸，其手臂均平肩，掌心均向前。不停，重心稍前移，至右膝继续稍下屈，双手臂于前伸同时顺随其势而稍坠肘，并向下压按至腹前而下垂，双掌心均向内。左脚于后同时顺随其势即渐稍提膝、伸踝并上前一步，其足跟先着地，腰胯随即渐向右后旋转（向北），以至左脚以其足跟为轴心而顺随其势，其足尖向内而旋并至其足掌着地，左膝随势向右伸直，右膝随之向右前而屈，成右弓步。双手臂于腹前下垂，同时顺随腰胯向右后旋转（不动）自然下垂于右膝前，其掌心均向内。不停，右弓步，腰胯稍上拔随即向左后旋转（向南），重心于右脚渐移向左脚，以至左脚同时顺随其势向左前屈膝，右脚随之同时向左伸膝，成左弓步。双手臂于右膝前下垂（向北），同时顺随腰胯上拔，并向左后旋转之势而双手小臂渐旋至掌心向左，并继续旋转，即以肩关节为轴心，于下向前（北）成弧形（转身）再向上经头顶而向前伸压于左膝前，其手臂平肩，双掌心均向下。不停，重心于左脚渐后移至右脚，右脚同时顺随其势即屈髋、屈膝、屈踝而下沉。左脚同时顺随其势而渐向右伸直并屈踝而下沉，成右弓步而后转身之式（近似仆步）。双手臂于左膝前伸（向南）同时顺随重心后移、下沉之势而继续伸肘，并下压至左踝足前，即随势沿左胫骨内侧向后至左膝之内侧而稍屈肘，左手于前、右手于后。不停，腰胯向右后而旋转（向北）。右膝保持前屈，左膝亦继续伸直，右手于左膝内后侧，同时顺随腰胯向右后旋转之势而斜垂于小腹前，掌心向内，左手于左膝内侧，同时随势而继续伸肘并小臂渐内旋，即以肩关节为轴心，沿大腿向小腹至其手腕交叉于右手腕之前，掌心向内并均向下伸腕。不停，随呼吸，右弓步，重心稍下沉，即上拔至右膝稍向上伸膝，双手掌交叉于下腹，同时顺随重心稍下沉即上拔之势，而先稍下垂随即双手腕继续交叉并向上渐屈肘，以至双手掌交叉于胸前，即双手臂渐内旋并向上翻掌至掌心向前，同时继续交叉并向上伸肘而托举。成右弓步，双手掌交叉向上托举之式。

　　🟠 **要领**：该式之组合，因出现两次上步与双手之协调，加上腰胯旋转和上下起伏其角度变化较大等等，故务必注重呼吸之调整，以至形随气引而势随神移，即能沉浮轻灵，内外相应而立身沉稳自然。

图 5-27

二十五、英雄伏虎、马步稳

　　🟠 **动作**（向西，如图5-27）：接上式，右弓步，双手掌交叉上举至头顶，左掌于右掌之下，掌心均向上。不停，随呼吸，重心稍向前移即下沉，双手掌交叉上举于头顶，同时顺随重心下沉之势而以肩关节为轴心，干上向前而双手掌继续交叉同时向下翻掌至掌心均向下，以至双掌交叉下压至右膝前。随即腰胯向左旋转，腰身并稍前屈，双手掌于右膝前交叉，同时顺随腰胯向左旋转而平移至右膝内侧，左手即顺随腰胯旋转之势而继续平移至下裆前，并沿左脚内侧，从小腹前而向前伸肘并屈腕，以至左掌于左足踝前，其掌心向下；右手于右膝前同时尾随左手之后至左膝内侧，稍伸肘并屈腕，其掌心向左。不停，随呼吸，左仆步，重心于后渐向前移，左脚于伸膝、侧屈踝渐向左前屈膝，右脚于屈髋、屈膝，渐向左前而伸膝，成左弓步。左手臂伸肘于左足踝前，同时顺

心
悟
锤

随重心前移之势，而以肩滑节为轴心于下向前上渐屈肘，并小臂向上内旋以至掌心向上而架掌于额前。右手臂屈肘于左膝内侧，同时顺随其热而立掌伸肘至左膝之前上方，其手臂平肩，成左弓步，左架掌、右手立掌前推之式（向南）。不停，左弓步，腰胯向右后旋转，重心于左脚渐移向右脚，右脚同时顺随其势而向右前屈膝，左脚随之向右伸膝，成右弓步。右手臂于左前伸，同时顺随腰胯右旋，重心右移之势而渐握拳并向后屈肘，而小臂外旋至拳心向上，以至右手小臂从前向右后于右腹前。左手臂稍屈肘于额前架掌，同时以肩关节为轴心，于上向下而渐握拳并渐屈肘而小臂外旋，以至其小臂下压于右拳面之前，拳心向上。不停，右弓步，腰胯稍向右旋，双手臂屈肘于腹前握拳，同时顺随其势而向右下渐伸指，伸肘并小臂内旋以至双手臂下垂于右膝两侧，其掌心均向内。随即腰胯向左旋转（向南），重心于右脚渐移向左脚，左脚同时顺随其势向左前屈膝，右膝随之向左伸膝，成左弓步。双手臂于右膝（向北）前下垂，同时顺随腰胯向左旋转，而以肩关节为轴心，左手于前，右手随后于右下向左上成弧形而小臂旋转至掌心向前（左手内旋、右手外旋），以至左手臂稍屈肘而伸于左额之左侧，其掌心向左。右手臂同时稍斜上伸于胸前，其掌心向左。不停，腰胯向右旋转，重心于左脚渐移向右脚，以至右脚同时随势向右前而下屈，左脚同时随之向右伸膝，成右弓步。双手臂于额、胸前伸掌，同时顺随腰胯向右旋转、重心右移之势而双手臂先稍旋至掌心均向下（左外旋，右内旋），并稍下压即以肩关节为轴心，于左上向右下成弧形而斜扫至腰右；即至右手臂于腰右外侧前斜下垂，其掌心向右后。左手臂于右膝稍前上方斜下垂，其掌心向右。不停，右弓步，腰胯向左旋转（向南）重心于右脚渐移向左脚，左脚顺随其势同时向左前而下屈，右膝随之向左伸直，成左弓步。左手臂伸肘于右侧（向北）同时顺随腰胯向左旋转、重心左移之势而以肩关节为轴心，于右下向左上稍屈肘，并小臂内旋，以至其上臂平肩而屈肘于左胸前，其掌心向下。右手臂于腰右，同时顺随其势而以肩关节为轴心，并继续向下伸肘、内屈腕而于腰右垂移至左膝内侧，其掌心向上并与左手掌心相对。不停，随呼吸，腰胯稍上拔即向右旋转，重心于左脚渐移向右脚，并平衡于双脚之间，即重心下沉至双膝下屈，成正马步。左手臂屈肘于左上胸前，同时顺随其势于上向左下而稍伸肘，屈腕，并小臂渐内旋，以至左手臂下垂于腰左，其手掌于左膝前，掌心向左下。右手臂伸肘、内屈腕而下垂于左膝内侧同时顺随其势，其小臂从下向左上而内旋并稍屈肘，以至右手臂屈肘其手掌于左额前而向内翻掌，其小臂横架于额前，掌心向上，随即顺随腰胯右旋，并以肩关节为轴心稍屈肘，从左向右而至右手掌屈腕，架亮掌于右额前，掌心向外。当左手定位于左膝前，右手亮掌于右额前，其眼神于向右上向左上并顺随颈椎迅速左旋而定神于左侧稍上方，成正马步，右手臂向上稍屈肘、屈腕于右额之上，左手臂向左下稍屈肘屈腕于左膝前之式（俗称"打虎之式"）。

　　要领： 该式之组合动作，均务必以腰胯为主轴而引领双手臂以肩关节为轴心，环环相扣，节节之贯穿，以至上下相依相随圆活旋舞，而中正自然。

图 5-28

二十六、金鸡独立、刀削竹

　　动作（向南、如图5-28）：接上式，正马步，右手臂稍屈肘向右上斜举并屈腕，以至其小手臂架掌于右额前，其掌心向外。左手臂于腰左侧下垂并稍屈肘、屈腕至其手掌于左膝前，其掌心向下。其面、目向左稍上角而视之。不停，随呼吸，正马步，腰胯向左旋转（双脚重心不变），右手臂稍屈肘、屈腕架掌于右额前，同时顺随腰胯左旋，而以肩关节为轴心，于右上向下而小臂

心悟锤

158

外旋并稍屈肘、伸腕以至其手掌向下胯至下腹前，掌心向左。左手臂下垂于腰之外侧而向顺随其势，而以肩关节为轴心稍屈肘并稍向腋左后而垂之。不停，腰胯向右旋转，重心于两脚之间渐移而引脚并借上拔，右膝即顺随且势向上稍伸膝并右前屈膝，左脚随之同时向右伸直，成右弓步（向北）。右手臂稍屈肘至其掌伸于下腹前，同时顺随腰胯向右旋转，重心右移而上拔之势其小臂渐内旋并于下向上而稍屈肘，并至其胸肋稍上拔，至其小臂斜横于腹前而伸腕，其掌心向下。左手臂于左后下垂，同时顺随其势而以肩关节为轴心并向下伸肘，其手臂于左后向左前外旋，以至左手臂下垂于左腹前，其掌心向右。不停，腰胯向左旋转，重心于右脚渐移向左脚，以至左脚顺随其势向左前而屈膝，右脚随之向左伸膝，成左弓步。右手臂于腹前，同时顺随腰胯向左旋转、重心左移之势，其手臂于右上稍向左下渐伸肘，伸腕并小臂渐外旋以至右手掌下垂于左膝内侧，其掌心向前。左手臂于左腹前伸肘、伸腕而下垂，同时顺随其势于下向右上屈肘至极限，以至其手掌伸腕而立于右耳门前，其掌心向外。不停，随呼吸，重心于左脚渐移至右脚，左脚同时顺随其势向右伸膝并至其足尖渐上翘。右脚同顺随其势而下屈，成左虚步。双手臂于原位置不动，随呼吸，倾刻右脚快速蹬地，以至其膝向上崩直，左脚于右脚前伸膝，同时顺随其忝势迅速提膝、伸踝，以至左脚提膝于腹前，右脚独立。右手臂于腹前下垂同时顺随其忝势而以其肩、肘关节为轴心，其小臂迅速内旋，并从下向右上屈肘至极，以至其肘尖向右肩后上方冲击，掌心向下。左手掌于右耳门前同时顺随其势，于右上向左下而侧屈腕，并沿其右手臂迅速削劈而下，以至左手掌侧屈腕于左小腿外侧前，其掌心向下。成右脚独立，左脚提膝、伸踝，左手臂伸肘、侧屈腕掌而下压，右手臂向肩右后屈肘之式。

要领：在该式中应特别注重蛆动劲的运用，并务必反复单独操练，在操练中务需以忝催形并在自然放松之前提下形如蛆动，节节贯穿，从而形成整体之势。

图 5-29

二十七、翻江倒海、右踏掌

🔶 **动作**（向南，如图5-29）：接上式，右脚直立，左脚提膝并伸踝于腹前。右手臂向右后上屈肘至肘尖于肩右之后。左手臂向左下伸肘，并侧屈腕以至其掌于左小腿外侧，掌心向内。不停，随呼吸，右脚稍屈膝而独立，左脚提膝于腹胸前向右脚之后伸膝而退一步，其足前掌着地，右脚于直立同时顺随其势而下屈，成后插步。左手臂于左下而垂，同时顺随左脚后退之势而以其肩关节为轴心，于下向前斜上而伸肘，以至其掌前伸至额前，其手臂稍高于肩，掌心向下。右手臂于右肩向后屈肘，同肘顺随其势而向右后下伸肘，掌心向下，其手臂稍低于肩，前后手臂成一斜直线。不停，左后插步，腰胯向左旋转，重心于右脚渐稍移向左脚即又渐移向右脚，以至右膝同时随势而向右前屈。左膝同时顺随其势向右前伸直，成右弓步，双手臂于前后而伸同时顺随腰胯向左旋转、重心移动之势而以肩关节为轴心并继续伸肘：即右手臂于右后经右下成弧形向前上并小臂外旋，以至其手掌前伸于额前，其手臂稍高于肩，掌心向上，左手臂于左前伸，经左上成弧形向左后稍下而伸，并手臂同时内旋至掌心向上，其手臂稍低于肩。成右弓步，前后手臂成一斜直线。不停，腰胯向右而旋，重心于右

160

脚渐移于左脚，并至左膝下屈，右膝同时顺随其势而向后伸直，以至其足跟着
地，进大上翘，成右虚步。尤于臂于后伸同时顺随腰胯左旋、重心后移之势而
以肩关节为轴心并继续伸肘，下左后经左下向左上前而手臂外旋至掌心向上，
则向额前斜上伸亭，其手臂稍高于肩。右手臂于前伸，同时顺随其势而以肘关
节为轴心向内屈肘，并小臂内旋以至其掌于胸前，其掌心向下。不停，随呼吸，
右虚步，腰胯迅速向左旋并至重心下沉，右膝随之迅疾下屈至其足前掌着地，
左脚于后同时迅速下沉至其膝下屈，成侧马步。右手臂屈肘至其掌于胸前，同
时顺随腰胯左旋、重心下沉之势迅疾向下伸肘、屈腕以至右掌下压至右膝前，
其掌心向下，手指向左。左手臂于前伸，同时顺随其势而向后疾速屈肘、屈腕
并小臂迅速内旋，以至其左掌立于右耳门前，掌心向外。成侧马步，右手臂向
下压（踏）掌之式。

  🟠 要领：该式中，从后插步到右弓步，双手臂均以肩关节为轴心伸肘，
并成圆弧形挥臂抢劈时，均务必以腰胯为轴心而动，并有似水中圆舞之意境，
当右手臂随重心下沉并从上向下成踏掌之势时，应务必随重心下沉，并以身带
手而去之，如此方可形成深透性之整劲。

二十八、白蛇吐信、连珠炮

  🟠 动作（向南，如图
5-30）：接上式，右侧马步，
右手臂伸肘、屈腕，下垂于
右膝前，手指向左，掌心向下。
左手臂屈肘至右手掌立于右
耳门前，掌心向外。不停，

图 5-30

随呼吸，侧马步，腰胯右旋，重心于双足之间渐前移，以至右脚顺
随其势继续前屈下沉，左脚随之向右前伸膝，成右弓步。左手臂屈肘至左掌于
右耳门前，同时顺腰胯右旋、重心前移之势而向前伸肘，伸腕以至左掌前伸至
额前，其手臂稍高于肩，掌心向下。右手臂于右膝前下垂，同时顺随其势于下

向上渐稍屈肘，伸腕以至右掌收于右腹前，掌心向下。不停，腰胯左旋，重心于右脚稍后移并平衡于双脚之间，右膝于前屈同时顺随其势而继续稍下屈，左膝于后伸膝，同时顺随其势而向前稍下屈，成麒麟步。右手臂于右腹前，同时顺随腰胯左旋之势，即向前斜上方伸肘、伸腕以至其掌于额前，掌心向下。左手臂于前伸，同时顺随其势而向后屈肘、屈腕以至左掌伸于右腹前，其掌心向下。不停，腰胯右旋，重心渐稍移向前，以至右膝继续前屈，左膝于后随之前伸，成右弓步。右手臂于前斜上方伸掌不动，左手臂于右腹前同时顺随腰胯右旋而向前伸肘、伸腕，以至左手掌伸至于右手背之上，并双掌交叉重叠前伸至额头，其掌心均向下。不停，右弓步，重心稍下沉，双掌于交叉前伸，同时顺随其势而继续交叉重叠并下压至腹前，随即重心于前渐向后移到双脚之间，右膝于前屈即随势而稍上伸，左膝于后伸膝随之向前稍屈膝，成麒麟步。随即腰胯渐向右旋，左手于腹前，并向前斜下稍伸肘，以至左掌于小腹前，掌心向下。右手于腹前 同时顺随其势而向上稍屈肘，以至右掌收于右腹前，掌心向下。不停，随呼吸，双脚于原地原式不动，腰胯迅速左旋。右手臂屈肘至其掌于右腹前，同时顺随腰胯左旋之怂势而疾速握拳向前上方，如疾风之势伸弹出，并随即向后屈肘而收于腹前。随即腰胯疾速右旋，左手臂稍屈肘至其掌于腹前迅速握拳向前上方伸弹出，随即屈肘而至其拳收于腹前。不停，重心于前渐向后而移至左脚，左脚即随势而下屈，右脚随之向后伸膝，其足跟着地，足尖上翘，成右虚步。双手握拳于腹前，同时顺随其重心后移而渐伸指成掌，并小臂外旋即以肘关节为轴心向上屈肘，以至双手臂屈肘而至其双掌立于耳门之左右，其掌心均向内。随即重心渐前移至右脚向前而屈膝，左脚随之向前而伸膝，成右弓步。双手臂屈肘至其掌于耳门左右，同时顺随重心前移之势，而双手臂渐向前伸肘，并小臂渐内旋、屈腕而前推。其手臂均平肩，掌心向前。成右弓步，双掌前推之式。

　　🟠 **要领**：该式中，如右弓步，先左伸掌而后右伸掌，随即双掌于前伸至额前，并双掌重叠交叉，收于腹前，上述组合动作均为蓄势，正因为有其蓄势，随后才有狂风暴雨般的连珠炮，因此，方能促成刚柔相济，牝牡相从之完美。

心悟锤

162

二十九、势如劈竹、四身劈

图 5-31

动作（向北，如图5-31）：挤卜式，右弓步，双手臂立掌前伸，其手臂平肩，掌心向前。不停，随呼吸，重心稍前移，双手臂于前伸同时顺随重心前移之势，双手腕渐前伸至掌心向下，并下压至腹前。不停，重心稍上拔，右膝同时顺随其势而稍上伸，双手臂于腹前伸肘，同时顺随其势而以肩关节为轴心，双手臂继续伸肘并下垂于腹前。随即重心稍下沉以至右膝随势下屈，左膝于后继续伸膝，双手臂于腹前同时顺随重心下沉之势继续下垂于右膝两侧，掌心均向后。不停，重心稍左上拔并腰胯渐向左后旋转，右脚于前屈同时顺随腰胯向左后旋转之势而继续稍下沉，并以其足跟为轴心而至其足尖向左而旋于左足之左后（向北）。左脚后伸同时顺随其势稍向左移摆少许，并继续伸膝以至其足尖上翘，足跟落地。成左虚步。左手臂于右膝内侧（向南），同时随腰胯向左后旋转，而以肩关节为轴心，伸肘，并小臂内旋于下向左上（随左转身）即渐下劈至腰左前，再经左下至左后而伸肘、伸腕，掌心向右。右手臂于右膝外侧（向南），同时顺随其势而以肩关节为轴心，而尾随左手之后继续伸肘，伸腕，并于下向上而小臂外旋（随左转身，向北），从上向下而劈至左足尖之上，掌心向左。

要领：当双手臂下垂于右膝两侧，重心稍上拔即向左后转身，成左虚步，双手臂随势转身劈之。该组合动作的重点在于右掌转身劈至左足尖时，左足尖务必在左膝绷直之状态下，上翘至极，直至腿后韧带有明显的拉抽感，同时将导引之意识从至阴穴引至大椎穴以下，以至其润养膀胱经气，并固守其肾气。

图 5-32

三十、乌龙摆尾、下勾拳

动作（向北，如图 5-32）：接上式，左虚步，右脚于后向下屈膝。左脚于前伸膝并至其足跟着地，足尖上翘。右手臂伸肘、伸腕斜下垂至右掌指向其左足尖，掌心向左。左手臂于腰左后而伸肘、伸腕，掌心向右。不停，随呼吸，左虚步，腰胯向右旋转，重心于右脚渐移向左脚，左脚顺势而渐向前屈膝，右脚随之向前伸膝，成左弓步。右手臂于左脚前斜下垂，同时随势腰胯向右旋转，重心前移之势，而以肩关节为轴心，稍屈肘，并于左下向右上小臂内旋，以至其小臂横架于右额前，掌心向外。左手臂于腰左之后，同时顺随其势而以肩关节为轴心并伸肘，于左后下向右上前并小臂外旋，以至其掌伸于额前，其手臂稍高于肩，掌心向上。不停，左弓步，腰胯继续向右而旋，重心继续前移至左脚，以至左膝稍下沉。右脚于后伸，同时顺随腰胯右旋、重心前移之势而稍提膝、伸踝并继续向前一步，其足跟先着地，足尖上翘，成右虚步。右手臂于右额前架掌，同时顺随其势而以肩关节为轴心，稍屈肘，于前上稍向右外即向右后上，并小臂稍外旋至右手臂于右后外而斜外展，其掌心向后。左手臂于前伸，同时

164

顺随其势而小臂稍内旋，并继续前伸，掌心向下。随即腰胯向左旋转，重心于左脚渐移同心脚，右脚顺随其势向前屈膝，左脚随之向前伸膝，成右弓步。右手臂于右后外展，同时顺随其势向内外旋，绕腰右而以肩关节为轴心，于右下向前外旋而伸至额前，其手臂稍高于肩，掌心向上。左手臂于前伸同时顺随其势而小臂内旋并向后屈肘，以至左手臂屈肘而至其手掌于左腹外侧，其掌心向下。不停，腰胯向右旋转，重心继续前移至右脚，以至右脚继续向下屈膝。左脚于后伸膝，同时顺随重心前移而稍提膝，伸踝并向前一步，其足跟先着地，足尖上翘，成左虚步。右手臂于前伸，同时顺随其势而继续前伸，并小臂稍外旋至掌心向外。左手臂屈肘至其掌于左腹之左侧，同时顺随其势而以肩关节为轴心，即小臂向下外旋至掌心向内，并至其手臂下垂于腰胯左后侧。随即腰胯向右旋转，重心于右脚渐向前移，以至左足前掌着地，并向前屈膝，右脚于后同时顺随其势渐向前伸膝，成左弓步。右手臂于前伸，同时顺随其势而以肩关节为轴心，于前稍向右后而手臂内旋，以至右手臂向腰右后而伸掌，其手臂稍低于肩，掌心向后。左手臂于腰左稍后而下垂，同时顺随其势于下向前而手臂外旋至额前，其手臂稍高于肩，掌心向上。不停，左弓步，重心移至左脚，以至左膝稍下屈，右脚于后同时稍提膝，伸踝并上前一步，以至重心平衡于双足之间，左手臂于前伸同时顺随其势而小臂内旋，并继续向前上伸掌，其掌心向下。右手臂于腰右之后，同时顺随其势向右后而斜下伸掌，其掌心向后。不停，随呼吸，腰胯迅速向左旋转，重心随即下沉，以至双膝向前稍屈，成右麒麟步。左手臂于斜上前伸，同时顺随其势而以肩关节为轴心，于上向左后握拳而至其手臂向左后伸拳，其拳心向后。右手臂于右后而伸，同时顺随腰胯向左旋转，重心下沉之势而握拳，即以肩关节为轴心，于下向前小臂内旋并向上稍屈肘，以至右小臂屈肘稍向上而伸于腹前，其拳心向上。成右麒麟步，右下勾拳之式。

要领： 该式为典型之以手、眼、身法、步同时兼备之进攻与防守为一体的组合连贯击技动作，故该式务必在套路习练之外反复单独操练，以至熟能生巧，巧能生精。

图 5-33

三十一、架打炮拳、随腰走

动作（向西南，如图 5-33）：接上式，麒麟步，左手臂握拳伸肘于左后而伸拳，拳心向后，右手臂握拳稍屈肘至其手臂于腰右前伸于腹前，拳心向上。不停，随呼吸，腰胯稍向左旋，重心于前稍向后移并平衡于双足之间，双膝稍下屈。右手臂握拳屈肘于腰右前，同时顺势腰胯左旋，重心后移之势而继续屈肘，并小臂内旋至右腹前，拳心向下，左手臂握拳于腰左后而伸，同时顺随其势向前上方屈肘并小臂外旋，以至左手臂屈肘而至其小臂握拳收于腰之左侧，拳心向上。不停，随呼吸，腰胯向右旋转，重心于双脚之间渐向右移，以至右膝稍上伸并向右前屈膝，左脚于后随之向右伸膝，成右弓步。右手臂屈肘握拳于右膝之上，同时顺随腰胯向右旋转、重心右移之势于下向右上屈肘，以至右手臂握拳立于额头之右，拳心向左。左手臂握拳于腰左，同时顺随其势向右前上方渐伸肘，并小臂渐内旋以至左手臂握拳伸于胸前，其手臂平肩，拳心向下。成右弓步，右架拳，左直拳之式。要领：该组合动作从右架拳同时至左直拳，务必以腰胯为轴心，左肩尽量向前突出，并力求其立身中正自然。

心悟锤

166

图 5-34

三十二、双杵圆旋、左炮拳

动作（向北，如图 5-34）：接上式，右弓步，右手臂握拳屈肘至小臂立于右额前，拳心向左。左手臂握拳向前伸肘至胸前，拳心向下。不停，随呼吸，腰胯向左旋转，重心于右脚渐移至左脚，并平衡于双脚之间，双膝下屈，成正马步。左手臂握拳于前伸，同时顺势腰胯向左旋转，重心后移之势，而小臂外旋并向左后屈肘，以至其小臂收于左腹前。拳心向上。右手臂握拳屈肘至其小臂立于右额前，同时顺随其势而以肩关节为轴心，其小臂于上向下而外旋，以至其小臂下压于右腹前，其拳心向上（其右手腕旋压于左拳面之前）。不停，腰胯向右旋转，其重心于双脚之间渐向右移，以至右脚随势而向右前屈膝，左脚随之向右伸膝，成右弓步。左手臂握拳屈肘于左腹前，同时顺势腰胯向右旋转，重心前移之势而伸肘，其小臂内旋并向前伸拳至胸前，其拳心向左，手臂平肩。右手臂握拳屈肘于右腹前，同时顺随其势而稍向后伸肘并小臂稍内旋，以至其手臂握拳稍屈肘于腰右后伸拳，其拳心向左。不停，腰胯向左旋转，重心于右脚渐向左移，并平衡于双脚之间，双膝同时稍下沉而前屈，成高桩马步。左手臂握拳前伸于胸前，同时顺随腰胯左旋转而小臂外旋，并于前向后屈肘以至其小臂握拳收于腰左，拳心向上。右手臂握拳于腰右，同时顺随其势而小臂内旋，

167

并向前伸肘至额前，其手臂稍高于肩，拳心向右。不停，随呼吸，双足于原位置不动，重心下沉至双膝下屈，成侧马步，右手臂握拳于前伸至额前，同时顺随重心下沉之势而稍屈肘，其小臂并于上向下外旋即下压至右膝之上，拳心向上。左手臂握拳于原式原位置不动。随即左足于瞬间蹬地，其苶势至腰胯向右疾速旋转，并至其手臂握拳于腰左向前迅疾伸肘，并小臂内旋以至其左拳斜上前伸，其手臂稍高于肩，拳心向下。右手臂握拳于右膝之上同时顺随其苶势而小臂内旋，并于前向右后疾速斜下而伸拳，其手臂稍低于肩，拳心向上，其双手臂于前后成一斜直线。成右弓步，左炮拳之式。

要领：该式中左右之直拳均为内旋而进、外旋而收，即攻中有守，守中有攻，由于此拳法怪异，并在实战击技中速度颇快，为使读者和"心悟锤"初习练者便于掌握此拳法，故该左右直拳均可采用阴劲而操练，待其熟能生巧之后可将其拳法反复单操，以至动作准确而精熟。

图 5-35

三十三、牛气冲天、转身正

动作（向南，如图 5-35）：接上式，右弓步，左手臂握拳向前斜上伸拳，其手臂稍高于肩，拳心向下。右手臂握拳向右后斜下伸拳，其手臂稍低于肩，

168

掌心向上，不停，随呼吸，右弓步不动，左右双手臂于前后伸拳同时渐伸指成掌，并小臂同时渐外旋至掌心向右，其手臂于前后而伸不动，随即腰胯渐向左旋转，右手臂于后伸肘同时顺随腰胯向左旋转，即以肩关节为轴心，继续伸肘、伸腕即于右后转右外侧至右前方而伸肘，以至双掌心相对而前伸于额前，成右弓步，双手臂前伸之式。不停，重心稍前移并稍下沉，双手臂于前伸同时顺随重心稍前移而下沉之势，即双小臂同时内旋至掌心向下，随即渐坠肘并下压至腹前。不停，重心前移至右脚，以至右膝继续下屈，左脚于后同时顺随其势而稍提膝，伸踝而上前一步，其足跟先着地，随即渐以左足跟为轴心，其足前掌向右而旋并至左足底着地，腰胯同时随之向右后旋转（向南）重心于右脚渐移至左脚，右脚于后同时向左伸膝并以其足跟为轴心，其足前掌向右而旋以至其足尖上翘正对腹之中心线，成右虚步。双手臂于腹前而前伸，同时顺随腰胯向右后旋转，即以肩关节为轴心，稍屈肘，并于下向右后上而双小臂旋转（左外旋，右内旋）至掌心向右，以至双手腕交叉于额前，双掌心均向前（左于前，右于后）。不停，右虚步，重心稍下沉至左膝继续下屈，双手腕交叉于额前同时顺随其势而继续交叉，并小臂外旋至掌心向内，同时以肩关节为轴心于上向下而屈肘，以至双手腕交叉于胸前。不停，随呼吸，重心完全于左脚，右脚于前伸膝即渐稍提膝，伸踝，而退经左踝内即向右横移一步，稍宽于肩，双膝均稍下屈。双手腕交叉于胸前同时顺随其势而小臂内旋，伸肘以至双手臂垂于腰胯两侧，双掌心均向后。不停，双膝渐伸，双手臂于腰胯两侧同时垂而外旋至双掌心向内。

要领：该式动作为过门转身动作，在动态过程中务必松、稳、匀、慢，并且中正自然。

图 5-36

三十四、四平八稳、左平拳

🌀 **动作**（向南，如图 5-36）：接上式，双足平行而立，并稍宽于肩。双手臂下垂于两侧，其掌心向内。不停，随呼吸，双脚不动，腰胯向右旋并重心稍下沉至双膝稍下屈。左手臂于腰胯左侧下垂，同时顺随腰胯右旋，而以肩关节为轴心继续伸肘并于左向右，而至其手臂垂而渐内旋至右腹前，掌心向左。右手臂于腰右下垂，同时顺随其势而以肩关节为轴心，其手臂于右向右后而内旋，以至其手臂下垂于腰右之后，掌心向后（面向西，双足尖向南）。随即腰胯向左旋转，左手臂于右腹前下垂，同时顺随腰胯向左旋转，而以肩关节为轴心，即于右下向右外侧经右上再向左横扫，并小臂内旋，以至左手臂向胸前方而伸掌，其掌心向左。右手臂于腰右后卜垂，同时顺随其势而以肩关节为轴心，并尾随左手臂之后其手臂渐稍内旋，以至其手臂向胸前伸掌，双手臂均平于肩，其右手稍于前，掌心向右。不停，腰胯继续左旋并下沉，以至双膝下屈，成正马步，左手臂于前伸同时顺随腰胯左旋而下沉之势，其小臂渐外旋并向内屈肘而渐握拳，以至左手臂握拳屈肘而收于腰左，其拳心向上。右手臂于前伸，同时顺随其势而渐握拳并小臂于上向下而渐内旋。以至其手臂握拳前伸，其拳心向上。不停，随呼吸，正马步，腰胯迅速左旋转，左手握拳于腰左同时顺随其势而小

170

臂向前内旋，并至左拳疾速前伸，其手臂平肩，拳心向下。右手于前伸同时顺随其势而小臂亦随内旋，并向后屈肘以令右手握拳疾速收于腰右，其拳心向下。成止马步，左平拳之式。

要领：该式中左伸拳和右收肘时，各必以腰胯为轴心并顺其内开之势而同时伸屈，以至其劲整力透。

图 5-37

三十五、柱天踏地、意掌中

动作（向南，如图 5-37）：接上式，正马步，左手臂握拳前伸，其手臂平肩，拳心向下。右手臂握拳屈肘收于腰右，拳心向下。不停，随呼吸，腰胯向左旋转，左手臂握拳于左前方而伸拳，同时顺随腰胯向左旋转，即手指渐伸成掌并伸腕，其手臂内旋而以肩关节为轴心，于前向左而外展，其手臂平肩，掌心向后。右手臂握拳屈肘于腰右，同时顺随其势而手指渐伸成掌，并小臂渐内旋即以肩关节为轴心而向右伸肘，即向右上渐外展而至平肩，再向右前伸之其掌心向右。不停，腰胯右旋（向南）。并重心稍下沉，左手臂于肩左外展同时顺随腰胯右旋，重心下沉之势而以肩关节为轴心，其手臂于上向下外旋并渐屈腕，以至左手臂下垂于左膝内侧，其掌心向上。右手臂于前伸同时顺随其势而小臂渐稍外旋，并向左渐屈肘以至右手小臂横于胸前，其掌心向下并与左掌心相对。不停，正马步，腰胯稍左旋并重心稍下沉，左手臂于下垂，同时顺随腰胯左旋及重心稍下沉之势，其小臂向上屈肘并内旋翻掌，以至其小臂立于胸之左侧，其掌心向上。右手臂屈肘至小臂于胸前，同时顺随其势向右下渐稍伸肘并屈腕，以至其手掌于右小腹前，掌心向下。不停，随呼吸，重心上拔并腰胯先稍右旋再稍左旋，双膝于下屈同时顺随其势而渐向上伸直，左手臂屈肘至小臂立于胸左，同时顺随其势而向上伸肘并上举至极，其掌心向上。右手臂于右小腹前，同时顺随其势向腰胯之右下伸肘，以至右手臂下垂于腰胯之右，掌心向下。成双脚直立，左手臂上举，右手臂下压之式。

要领：当正马步，双脚伸膝而直立，其左手臂同时随势上举，右手臂同时于右下压时，左手臂务必有力托千斤之意识，右手臂务必有向下钻地之意境。

图 5-38

三十六、翻江倒海、腰胯劲（左）

动作（向南，如图 5-38）：接上式，双足平行稍宽于肩而直立，左手臂伸肘、屈腕而上举至极限，其掌心向上。右手臂伸肘，屈腕下垂于腰胯右侧，

172

掌心向卜。不停，随呼吸，腰胯向左旋转，重心稍下沉并向左移，以至右膝伸膝，伸踝并以前以而至其足前掌着地。左手臂于向卜举同时顺随腰胯向左旋转，重心左移之势稍向下屈肘，掌心向上。右手臂于腰胯之右而下垂，同时顺随其势而以肩关节为轴心，并于右卜向左小稍屈肘，伸腕而小臂内旋以至右手小臂横于胸前，其手掌于右肩前，掌心向前。小停，随呼吸，腰胯迅速向右旋转而至双膝下屈，双手臂于左上同时顺随其势而以肩关节为轴心，向右下疾速斜劈而下，以至右手臂伸肘向右后外稍下而垂，掌心向后。左手臂稍屈肘其小臂斜于右腹前，其掌心向前。不停，腰胯向左旋转，重心于双脚之间渐移向左脚，以至左脚向左前屈膝，右脚同时随之向左伸膝，成左弓步。左手臂于右腹前同时顺随腰胯向左旋转而小臂渐内旋，稍屈肘并以肩关节为轴心于右下向左上，以至左手臂稍屈肘而伸于左额前，其掌心向外。右手臂于腰右后外侧同时跟随左手臂之后而稍屈肘并小臂渐稍外旋，以至右手臂伸于额前，其掌心向左（东）。不停，腰胯向右旋转，重心于左脚渐移向右脚，以至右脚向右前而屈膝，左脚同时随之向右伸膝，成右弓步。双手臂于左前方同时顺随腰胯右旋，重心右移之势，其小臂均渐先旋至掌心向下，随即双手臂同时稍向下按压，即顺随其势而以肩关节为轴心，并双小臂渐旋转至掌心向右（左外旋，右内旋），右手臂于前稍屈肘，双手臂于左前方渐经胸，腹前再向右上前方成弧形线而进，以至右手臂屈腕，架掌于右额前，其手臂稍高于肩，掌心向外，左手臂斜伸于胸前，其手臂平肩，掌心向右（西）。不停，右弓步，腰胯瞬间向左急速旋转，以至重心迅速于右向左而移，左脚同时随势向左前屈膝，右脚随之疾速向左伸膝，成左弓步。双手臂于右上同时顺随其炁劲，即以肩关节为轴心，迅速于右上向左下斜劈而下（其中右手臂外旋，左手臂内旋）。以至左手臂于腰左后伸肘，其掌心向内，右手臂斜伸于其左腹侧前，其掌心向左。成左弓步，双掌向左斜劈之式。

要领：该组合动作为阳功之法，可反复单操，在操练中其发劲应遵循渐进之势，逐步加大炁劲之修炼，切忌憋气发劲。

图 5-39

三十七、捉虎擒蛟、左立掌

　　动作（向南、如图 5-39）：接上式，左弓步，双手臂斜劈至腰左：其中左手臂于腰左后伸肘，掌心向内。右手臂斜于左腹前，掌心向上。不停，随呼吸，腰胯向右旋转，重心于左脚渐移向右脚，以至右脚顺随其势而向右前屈膝，左脚随之向右伸膝，成右弓步（向西）。左手臂于腰左后，同时顺随腰胯向右旋转，重心右移之势而以肩关节为轴心并继续伸肘，其手臂于左后向左下成弧形至前上方而小臂渐外旋并伸掌（向南），其手臂平肩，掌心向上。右手臂于腰左前同时顺随其势而小臂渐内旋，并渐向上伸肘而以肩关节为轴心，从左下稍向右上经头顶成弧形状，再向右后而伸掌（向北），其手臂平肩，掌心向上。以至左右手臂于右膝两侧上方而伸之，并与肩成横直线。不停，右弓步，腰胯向左旋转，重心完全移至右脚，左脚于右后同时顺随腰胯向右旋转、重心移至右脚之势而稍提膝，伸踝即渐移经右踝内侧而向右膝内侧之前上一步（向南），其足跟先着地，成左虚步。右手臂于右后，同时顺随腰胯向左旋转之势而以肩关节为轴心，于右后经右下而小臂渐内旋再向前成弧形而伸至额前，其手臂稍

174

高于肩，掌心向上。左手臂于前伸，同时顺随其势而向左后屈肘，并小臂渐内旋以至左掌收于腰左，掌心向内。不停，随呼吸，腰胯向右旋转，重心于右脚渐向前移，以至左脚同时顺随其势屈膝伸膝。右脚于后随之向前伸膝，成立身步。心于手臂于前伸同时顺随腰胯向右旋转，重心前移之势而向右后屈肘并小臂内旋，以至右手臂屈肘其手掌收于腰右，掌心向下。左手臂屈肘于腰左同时顺随其势而侧屈腕、并立掌前伸于胸前，只手臂平肩，掌心向右。成左弓步，右手臂立掌前伸之式。

🌼 要领：该组合动作中，双手臂于左右云手，并前后伸展时务必在腰胯之主宰下，大开大合，放长击远并舒展圆活，中正自然。

图 5-40

三十八、翻江倒海、腰主宰（右）

🌼 动作（向西，如图 5-40）：接上式，左弓步，左手臂立掌前伸，掌心向右，右手臂屈肘并至其掌于腰右，掌心向下。不停，随呼吸，腰胯向左旋转。重心完全移至左脚，右脚于后同时顺随腰胯向左旋转即稍提膝，伸踝并上前至左踝内侧，其足尖点地成右丁步。左手臂于前伸同时顺随腰胯向左旋转，重心左移之势，而以肩关节为轴心继续伸肘，并于前向左外侧手臂内旋，以至左手臂向左外稍斜垂之，其掌心向后。右手臂屈肘于腰右侧，同时顺随其势向腰左下伸肘，并小臂内旋以至右手臂斜垂于腹前，其掌心向右。不停，腰胯向左而旋（向东），左膝同时顺随其势稍下沉，右脚于左踝内侧同时顺随其势向后伸膝（向西退一步），成左弓步。左手臂于左外侧下垂，同时顺随腰胯左旋即继续伸肘并向腰之左后而下垂，掌心向内。右手臂于腹前下垂同时顺随其势而以肩关节为轴心，并向左后移动，以至其手臂下垂于左膝内侧前，其掌心向后。不停，左弓步，腰胯向右旋转（向西），右脚同时顺随其势向右前屈膝，左脚于后同时随之向右伸直，成右弓步。双手臂于腰左同时顺随其势而以肩关节为轴心：即右手臂于前稍屈肘并小臂渐内旋，从腰左向右上方成弧形渐横移至右额前，其手臂稍高于肩，掌心向右；左手臂即于右手臂之后继续伸肘并小臂外旋至掌心向前，而从腰左后横扫至额前，与右手臂而平行并稍高于肩，掌心向右。随即重心稍下沉，右膝继续顺随其势而稍下屈，双手臂同时顺随其势而旋至掌心均向下（左手臂内旋，右手臂外旋），并稍向下压。不停，腰胯向左旋转，重心于右渐移向左脚，以至左脚顺随其势向左屈膝，右脚于左同时顺随其势而向左伸膝，成左弓步。双手臂于右上方前伸，同时顺随其势而以肩关节为轴心，于右上经胸前稍屈肘，其小臂旋转至掌心向左（左手于前稍内旋，右手于后而稍外旋）并成弧形而进，以至双手臂前伸于左膝前上方（东），其手臂均稍高于肩，掌心均向左。不停，重心稍上拔，以至左膝同时顺随其势稍上伸，右脚于左后同时顺随其势而伸踝，以至其足跟上抬，足前掌着地，双手臂于腰左侧同时顺随重心上拔之势，而以肩关节为轴心于下向上而手臂旋转（左小臂于上外旋，右手臂于下内旋），以至掌心向外并稍屈肘而丁肩左侧而伸之。不停，随呼吸，腰胯疾速向右旋转并重心下沉，以至右膝同时顺随其势而下屈，左膝随之同时向右绷直，成右弓步。双手臂于肩之左侧，同时顺随其态势于左上伸肘而迅速斜劈至腰右下侧（右手臂斜垂于腰右稍后，掌心向内。左手臂斜垂于右膝之上方，其掌心向外）。成右弓步，双手臂向右斜劈之式。

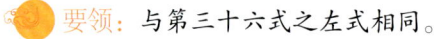 **要领：**与第三十六式之左式相同。

心悟锤

图 5-41

三十九、擒蛟捉虎、伏虎式

🌀 **动作**（向南、如图 5-41）：接上式，右弓步，双手臂斜劈至腰右侧，其中右手臂斜垂于腰右稍后方，其掌心向内。左手臂斜垂于右膝前上方，其掌心向前。不停，随呼吸，腰胯向左旋转。重心于右渐向左脚转移，以至左脚顺随其势向左前屈膝，右脚同时顺随其势向左伸膝，成左弓步（向东），左手臂于右腹前同时顺随腰胯向左旋转，重心左移之势而以肩关节为轴心，于右下向左上稍屈肘，渐握拳并小臂内旋，以至左手臂握拳稍屈肘其小臂架于左额前，其拳心向外。右手臂于腰右后同时顺随其势而以肩关节为轴心伸肘，并向左渐握拳而小臂内旋，以至右手臂握拳下垂于腹前。不停，腰胯右旋（向南)，并重心稍下沉，右脚于后同时顺随其势而稍提膝，伸踝并向前至左踝内侧，其足尖着地，成右丁步。左手于左额前同时顺随腰胯右旋，重心稍下沉之势，而以肩关节为轴心，于上向前下而前伸肘，并小臂同时亦向前外旋，手指渐伸成掌，其掌心向上，以至左手臂向前而伸，其手臂平肩。右手臂握拳于腹前下垂，同时顺随其势而手臂外旋，并向右后渐屈肘、伸指成掌。以至右手臂屈肘而收于腰之右侧，其掌心向上。不停，随呼吸，右丁步，重心稍下沉即渐前移，右足于左踝之内侧，同时顺随重心前移之势稍提膝，渐上前一步并向前而屈膝，左脚于后同时顺随其势向前伸膝，成右弓步。左手臂于前伸同时顺随其势而小臂内旋，并向后屈肘以至左手臂收于腰左，其掌心向内。右手臂于腰右同时顺随其势而侧屈腕，并侧立掌向前伸肘而前推。其手臂平肩，掌心向左，成右弓步，右掌前推之式。

🟠 **要领**：该组合动作要领与三十七式要领相同。

图 5-42

四十、泰山压顶、指裆拳

🟠 **动作**（向北，如图 5-42）：接上式，右弓步，右手臂侧立掌前伸，其手臂平肩，掌心向左。左手臂屈肘至其掌收于腰左，掌心向上。不停，随呼吸，腰胯向右旋转（向西），重心完全移至右脚，并至其膝稍下沉，左脚于后同时顺随其势而稍提膝，伸踝并渐上前一步，其足跟着地，成左虚步。右手臂于前伸

心悟锤

178

同时顺随腰胯向左旋转，其手臂稍屈肘。并向上内旋以至右手臂架掌于头额之上，掌心向外。左手臂屈肘于腰左同时顺随其势而向前下伸肘，掌心向右。不停，腰胯继续向右而旋转，重心随之前移，以至左脚向前屈膝，右膝同时顺随其势而向前伸膝，右手臂稍屈肘于头额之上，同时顺随腰胯向右后旋转，重心仍极之外而以肩关节为轴心，其手臂渐上举而屈腕，并小臂向上稍内旋，以至右手臂上举于头顶其掌心向前。左手臂于前下伸掌（向南），同时顺随其势而以肩关节为轴心，并继续向上而伸于胸前。（向南）其手臂稍低于肩，掌心向下。不停，腰胯继续向右旋转，重心稍下沉至左膝稍下屈，右脚于后同时顺随其势以其足前掌为轴心，其足跟向右旋至其足尖向前（北），右手臂上举于头顶同时顺随其势而（右后转身）向前伸掌（北），左手臂于前伸（南）同时顺随其势而继续向上而举，其掌心向右。不停，重心下沉左脚向下屈膝，右脚随之向左脚伸膝并至其足尖上翘，随即腰胯向右旋转，重心完全至左脚，以至左脚下屈，右脚于前同时顺随其势而稍提膝、伸踝并向左脚之后退一步而稍向前伸膝，右手臂于前伸同时顺随腰胯右旋之势而向后屈肘，以至右手掌轻贴于腰右，其掌心向内。左手臂于上举于头顶同时顺随其势而以肩关节为轴心向前而伸至腹前，其掌心向下。不停，随呼吸，腰胯迅速向左旋转，以至右膝同时顺随其忝势而疾速向前绷直，左脚随之向左前下屈。右手臂屈肘至其手掌于腰右，同时顺随其势而握拳向前下迅速内旋而前伸，其手臂低于肩，拳平左膝，拳心向下。左手臂于前伸，同时顺随其势而迅疾向左后斜上伸拳。其手臂稍高于肩，其拳心向上。成左弓步，右手臂握拳向前斜下伸拳之式。（俗称："下栽拳"，亦称"指裆拳"）。

要领：该式中，当腰胯向右后旋转，即从南转身向北，双手臂顺随其腰胯旋转而随势轮抢劈时，务必有泰山压顶之气势，同时如最后之左弓步，右指裆拳，应左右反复单操。

图 5-43

四十一、快刀削竹、随身走

动作（向东，如图 5-43）：接上式，左弓步，右手臂握拳，向前斜下前伸，其手臂低于肩，其拳平左膝，拳心向下。左手臂握拳于左后斜上而伸拳，其手臂稍高于肩，拳心向上。不停，随呼吸，腰胯向右旋转，重心于前向右而移，以至右脚同时向右前稍下屈膝，左脚同时顺随其势向右伸膝，成右弓步（向东南）。右手臂于前下伸拳，同时顺随腰胯向右旋转，重心后移之势而小臂握拳外旋，并向后屈肘，以至右小臂握拳于右腹前，其拳心向上。左手臂于左后伸拳同时顺随其势，而以肩关节为轴心并于左后向左外而至左前下伸肘，并手臂外旋以至其于臂向前卜斜垂于左膝内侧，其拳心向前。不停，腰胯向左旋转，重心即于右脚渐移向左脚并至其向下屈膝，右脚同时顺随其势而向左伸膝，成左弓步（向南）。右手臂握拳于右腹前，同时顺随腰胯向左旋转而向前下方渐伸肘、手指渐伸成掌，以至其手臂下垂于左膝前，掌心向前。左手臂握拳于右膝内侧下垂，同时顺随其势而小臂渐内旋，并向上渐屈肘、手指渐伸成掌，以至其掌轻贴于右肩前，掌心向内。不停，随呼吸，腰胯向右疾速而旋转，左足于前屈同时顺随腰胯右旋之势迅速蹬地而伸膝，以至其重心疾速移至右脚并至右脚迅速向下

心悟锤

180

屈膝，成右弓步。左手臂屈肘下其掌于右肩，同时顺随其恣势而屈腕，并沿右
手臂疾速向下伸肘削臂而下，以至左手臂下垂于腰左，掌心向下。右手臂于左
脚削下时，同时顺随其势，其小臂内旋升向右上疾速屈肘至极，其掌心向卜。
成右弓步，左手快刀削竹之式。

要领：该式之组合动作，为反擒拿之术，其快刀削竹时，务必注重双
手反向而动时，应完全顺随腰胯旋转之势，方可劲整力遒。

图 5-44

四十二、弓调马伏、右掌凶

动作（向北，如图 5-44）：接上式，右弓步，左手臂伸肘下垂于腰胯
之左，掌心向下。右手臂向右上方屈肘至极，其肘尖稍高于耳尖，掌心向下。
不停，随呼吸，腰胯向右旋转，重心继续右移至右膝继续下屈，左脚随之向右
伸膝，成右弓步（向南）。右手臂于向右上屈肘，同时顺随腰胯向右旋转，重
心右移之势而向右下伸肘，以至右手臂下垂于右膝外侧。其掌心向后。左手臂

于腰胯左侧下垂，同时顺随其势，而继续伸肘下垂，并随腰胯向右旋转而移动，其手臂渐内旋以至左手臂下垂于右膝内侧，其掌心向内。不停，右弓步，重心稍上拔即腰胯向左后旋转（向北），右脚同时顺随腰胯向左后旋转而继续稍下沉。左脚于右后同时稍提膝，伸踝并顺随腰胯向左后转身而向后退后一步（向南而退），其重心随之而下沉并衡于双足之间，双膝稍下屈，成高桩侧马步（向北）。双手臂于右膝两侧下垂（南），同时顺随腰胯向左后旋转身，以及左脚退步之势而以肩关节为轴心，稍屈肘并从右下（南）向左后（北）而小臂旋转至掌心向前（左手小臂于前内旋，右手于后小臂外旋）。当侧马步形成时，左手屈肘其小臂已横于胸前，右手则稍屈肘伸于右膝之上，及右胸前。不停，重心下沉双膝继续下屈，成侧马步。右手臂于右胸前同时顺随重心下沉之势，而向下稍伸肘，屈腕以至右手下垂于右膝内侧前，其掌心向下。左手臂屈肘于胸前，同时顺随其势而向后屈肘，伸腕，以至左掌收于腰左，其掌心向下。不停，腰胯向右而旋，重心随之前移向右脚，以至右膝前屈，左膝于后随之向前伸直，成右弓步。右手臂于右膝内侧前，同时顺随其势即经右膝前而至右膝外侧下垂并向前屈腕，其掌心向下。左手臂屈肘于腰左，同时顺随其势向前立掌前伸，其手臂平肩，掌心向前。不停，腰胯继续稍向右旋，左手臂于前伸同时顺随其势而伸腕，其小臂并向前外旋至掌心向上而稍伸之。右手臂于右膝外侧下垂，同时顺随其势而向右后屈肘并小臂外旋，以至右手臂屈肘收于腰右，其掌心向上。不停，随呼吸。腰胯疾速向左旋转，重心于前，迅速后移并下沉，以至双膝下屈，成侧马步，左手臂于前伸同时顺随其势迅疾向左后稍内旋并屈肘，以至左手臂屈肘而收于腰左，其掌心向上。右手臂于腰右同时顺随其势而迅速立掌前伸，其手臂平肩，掌心向前。成侧马步，右手臂单掌前推之式。

　　🟠 要领：该组合动作中，侧马步，右单掌之阳劲击发，既要顺随腰胯旋转、重心下沉之势，同时务必顺应内丹之炁劲，如此统一协调方能形成整体之劲势。

心悟锤

图 5-45

四十三、白鹤亮翅、左蹬腿

🌰 **动作**（向北，如图 5-45）：接上式，右侧马步，右手臂立掌前伸，掌心向前。左手臂屈肘至其掌收于腰右，掌心向下。不停，随呼吸，腰胯向左旋转，左脚于后顺随其势而向左前屈膝（向南），右脚于前随之同时向左前伸膝，成左弓步。左手臂屈肘于腰左同时顺随腰胯向左旋转，重心左移之势，而向左下渐伸肘并小臂渐内旋，以至左手臂下垂于左膝外侧，其掌心向内。右手臂于胸前屈腕而伸掌，同时顺随其势而以肩关节为轴心，于右前方向右前下经小腹前，向左下而小臂渐内旋，以至右手臂下垂于左膝内侧，其掌心向内。不停，左弓步，重心先下沉，腰胯即稍上拔并向右后旋转身（于南向北），双脚与原位置以其足前掌为轴心，而顺随腰胯向右后旋转，当腰胯旋转至右膝于前，左膝于右膝之后时，双脚即已交叉成左后插步。右手臂于左膝下垂（南），同时顺随腰胯向右后转身，而以肩关节为轴心，并继续伸肘而从左下向左前（南）再经右上而上举，经头顶其手臂内旋，即向前伸掌（北），掌心向左，当左后

183

插步形成时，其右手臂于前即继续向右下，再向右后成圆弧而手臂外旋，以至右手臂于右后向上屈腕，架掌于右头顶之上，其掌心向上。左手臂于左膝内侧下垂（南），同时顺随其势而手臂外旋，伸肘并以肩关节为轴心，从左下而右上，经头顶直劈向前（北），其掌心向右。当左后插步形成时，其左手臂继续于前向右下而手臂内旋并向后屈肘，以至左小臂横于右胸前而屈腕，其手掌至右腋下，掌心向外，成左后插步，右手臂架亮掌之式。不停，左后插步，右脚独立，左脚提膝至极限并伸踝，右手臂屈肘架掌于头顶右侧，同时以肩关节为轴心，从右上向左下屈肘，并小臂外旋以至右手臂屈肘斜横于腹前，其手掌至左胸前，掌心向上。左手臂于右胸前屈肘，同时于右向左而外旋，以至左手小臂交叉于右手小臂前，其掌心向上。不停，随呼吸，右脚独立，左脚提膝于腹前向左侧前方横蹬而出，其左足稍低于肩。双手臂交叉于胸前于左脚向左侧横蹬腿时，同时分别向左、右两侧屈腕，伸肘其手臂均平肩，掌心均向下。成右脚独立，左脚横蹬腿，并双手臂向左右平伸展之式。

　　🔸 **要领**：在该式中，当腰胯向右后旋转身成左后插步时，双手臂顺随腰胯成圆弧状抡劈时，务必舒展圆活，并有随心所欲之意境。当右脚直立，左脚横蹬腿，必须和双手臂向左右平伸展而同一时刻完成。

图 5-46

四十四、穷追不舍、意转身

　　🔸 **动作**（向西，如图5-46）·接上式，右脚独立，左脚向左侧前上方横蹬腿，其左足稍低于肩。双手臂于左右而屈腕并平伸展，其掌心均向下。不停，随呼吸，右脚独立，左脚于左侧前横蹬，随即渐向后屈膝、伸踝而收于左腹前。左手臂于向左前半伸展，同时于左腿屈膝收缩时，其了臂即向内屈肘并外旋上举，以至左小臂立于左耳门前，其掌心向内。右手臂于向右前平伸展，于左手臂屈肘上举时而同时向右下伸肘并小臂外旋，以至右手臂卜垂于腰胯右侧，其掌心向内。不停，左手臂屈肘至其手掌立于左耳门前，于上向左下后伸肘而下劈，其掌心向内。右手臂于腰胯右侧卜垂，同时于下向上屈肘以至右小臂立于右耳门前，其掌心向内。不停，随呼吸，右脚独立，腰胯向左而旋，左脚提膝于左腹前，同时顺随腰胯左旋而向左下伸膝，其小腿并向右旋转至极限，以至其足内踝向左外而着地，双足稍宽于肩并成交叉之势。左手臂于腰左下垂，同时顺随其势向后伸肘并手臂内旋而向内屈腕，以至左手臂向左后斜下垂，其掌心向后。右手臂于屈肘而小臂立于右耳门前，同时顺随其势，而以肩关节为轴心其小臂向右上内旋，以至右手臂稍屈肘、屈腕架掌于右额之上，掌心向外。不停，腰胯继续向左后旋转身（向西），重心于右脚渐移至左脚，右脚于后同时渐稍提膝、伸踝而上前一步，以至腰胯向左旋转（已至西），而双膝稍下屈，成高桩马步。右手臂于右额之上同时顺随其势，即屈肘并小臂外旋而至手指向下，经右额前向右下垂于右大腿前，其掌心向下。左手臂于腰胯左侧下垂，同时顺随其势稍屈肘，并以肩为轴心于下向上而小臂内旋，以至左手臂稍屈肘平伸于左前方，其手臂平于肩，掌心向右。成高桩马步，右手臂于前下垂，左手臂屈肘向左前伸之式。

要领：当右脚独立，左脚提膝、伸踝于腹前，左手掌下劈至左后而斜伸之，并左小臂内旋至极，该式系防守敌方腿法攻击之技艺，即对方蹬、踢腿时，己之左掌即下劈并利用小臂内旋而缠住对方之小腿，即待转身而攻之。此组合动作中务必加强左掌下劈、小臂内旋而后伸之攻防意识感。

图 5-47

四十五、擎天动地、腰胯旋

动作（向北，如图 5-47）：接上式，双脚稍宽于肩，双膝稍下屈，右手臂稍向前而斜下垂于右大腿前，其掌心向下。左手臂稍屈肘平伸于左前方，其手臂平于肩，掌心向左。不停，随呼吸。腰胯向左旋转，重心于双脚之间同时顺随腰胯向左旋转而移向左脚，左脚同时顺随其势向左前屈膝（向南），右脚随之向左伸膝，成左弓步。右手臂斜下垂于右大腿前，同时顺随腰胯向左旋转即以肩关节为轴心，而继续向左下方伸肘，并手臂外旋，以至右手臂下垂于左膝内侧，其掌心向前。左手臂稍屈肘而伸于左前，同时顺随其势即渐向内屈肘，并稍屈腕以至左掌立于右耳门前，其掌心向外。不停，随呼吸，左足蹬地，腰胯同时顺随其忝势向右疾旋，重心于左脚迅速移至右脚（向北），以至右脚向右前屈膝。左膝同时随之向右迅速绷直，成右弓步。右手臂于左膝内侧下垂，同时顺随其势而以肩关节为轴心，稍屈肘，并于左下向右上迅速内旋而翻掌，以至其手臂稍屈肘、屈腕架掌于右额之上，掌心向外。左手臂屈肘至其掌立于右耳门前，同时顺随其忝势于右上向下迅速伸肘、屈腕，以至左手臂下压至小

心悟锤

186

腹前，其掌心向下，成右弓步，右手臂稍屈肘、屈腕而架掌于右额之上，左手臂伸肘、屈腕向下压掌之势。

要领：在该式中，前一段组合动作为阴功蓄势待发，当内之杰劲根累列一完斯，即剂腰胯向右旋转，以至右脚迅速向前方屈膝，左膝疾速向前绷直，其点势同时至右手臂迅速于左卜向外上翻掌至右额之上，左手臂同时随势疾速下压至小腹前。此组合动作必立身沉稳，自然而中正，如此方能干净利落，一气呵成。

图 5-48

四十六、以守为攻、双立掌

动作（向北，如图 5-48）：接上式，右弓步，右手臂稍屈肘，屈腕架掌于右额之上，其掌心向外。左手臂伸肘，屈腕垂压至小腹前，其掌心向下。不停，随呼吸，腰胯向左旋转，重心于右脚渐移向左脚，左脚同时顺随其势而向左前渐屈膝，右脚同时随之向左渐伸直，成左弓步（向南）。右手臂屈肘、屈腕于右额之上同时顺腰胯向左旋转，重心左移之势而以肩关节为轴心，即从于右上向左下渐伸肘，并小臂渐内旋。以至其手臂垂于右膝内侧，其掌心向内。左手

187

臂于腹前屈腕下垂，同时顺随其势而以肩关节为轴心，并继续伸肘下垂，从腹前向左经膝前小臂渐稍外旋，以至其手臂下垂于左膝外侧，其掌心向内。不停，左弓步，重心先稍上拔，即稍下沉，双手臂于左膝两侧同时顺随重心变换而手臂渐外旋，以至其掌心均向后，随即重心上拔并腰胯渐向右旋转，以至右脚同时顺随其势而稍提膝，伸踝渐向左后退一步，重心随之下沉而至双膝下屈，成侧马步（向北）。双手臂于左膝两侧（向南），同时顺随重心上拔，腰胯向右后转身并退一步之势，而以肩关节为轴心，从下向上而手臂外旋以至掌心均向后而上举于额头之上，当右脚向左后退一步时（已成侧马步）双手臂即于头顶向下而屈肘并小臂均外旋即下劈至小腹前，双掌心向上。不停，随呼吸，右脚瞬间蹬地，腰胯同时迅速向左旋转，以至左膝疾速向左前屈，右脚同时随之向左绷直，成左弓步。双掌于腹前同时顺随其怂劲而小臂均内旋而疾速立掌前推，双手臂平于肩，其掌心均向前。成左弓步，双手臂立掌推掌之式。

要领：在该式之中，当腰胯向右后转身即后退一步，并双手臂从上向下劈至下裆前时，务必顺应其身体重心下沉之势和明显的进攻意识，方能形成整劲。当侧马步成左弓步双推掌时，务必重心平稳，并沉实而尾闾中正自然。

图 5-49

四十七、左右逢"圆"、腰主导

动作（向北，如图5-49）：接上式，左弓步，双手臂屈腕立掌前伸，其手臂平肩，掌心均向前。不停，随呼吸，左弓步，重心稍上拔即稍前移，双手臂于立掌前伸同时顺随其重心前移而渐伸腕，以至掌心向下并坠肘稍下压，随即重心继续下沉，双手臂于前伸同时顺随其重心下沉之势，即以肩关节为轴心而继续伸肘，并向下压按，以至双手臂下垂于左膝前。不停，左弓步，重心稍上拔即渐稍下沉，

心悟锤

188

双于臂于么膝前下垂同时顺随其势而继续下垂至左膝两侧，其掌心向后。不停，左弓步，腰胯向左而旋转，双于臂于左膝两侧同时顺随腰胯向左旋转之势，而仰伸伸肘，并以肩关节为轴心，即右手臂于左膝内侧于下向前而半臂渐内旋并前伸，其掌心向右。左手臂于左膝外侧于下向后而半手臂渐外旋并后伸，其掌心向心，双于臂于前后平肩而成一直线。不停，随呼吸，腰胯向右旋转，右手臂于前伸同时顺随腰胯向右旋转而小臂渐内旋，伸肘并以肩关节为轴心，于前向上至右后而伸，其手臂平肩，掌心向右。左手臂于右后而伸，同时顺随其势而小臂外旋，伸肘并以肩关节为轴心，向左下至左前而伸，其手臂稍高于肩，掌心向右。成左弓步，双手臂于前后而伸直，并成一斜直线之式。

　　🟠 要领：该式中，双手臂伸肘并顺随其腰胯旋转而肩臂圆旋时，务必在呼吸引导下并以腰胯为主宰而旋动。同时该式亦是一种阳功之法，从慢至快而圆旋，以至手掌发胀，久而久之水到渠成。

图 5-50

四十八、烈马悬蹄、右砍掌

　　🟠 动作（向北，如图 5-50）：接上式，左弓步，左手臂伸肘、伸腕而向前伸，其手臂平肩，掌心向右。右手臂伸肘、伸腕而向后伸，其手臂平肩，掌心向右。不停，随呼吸，左弓步，左右手臂于前后伸肘、伸腕而伸之，双手臂均不动，随即，重心稍前移，腰胯向左旋转，重心继续前移至左脚，左膝稍下沉，右脚于后同时顺随重心前移而稍提膝，伸踝即渐上步至左踝内侧，其足尖点地。右手臂于右后伸肘，同时顺随腰胯向左旋转，重心前移之势，其手臂继续伸肘并以肩关节为轴心，于右后经右下而手臂内旋，以至右手臂下垂于右膝前，其掌心向后。左手臂于前伸，同时顺随其势而向右内屈肘，屈腕。以至左手臂屈肘，其手掌立于右耳门前，其掌心向外。不停，腰胯向右旋转，重心前移，右足于左踝内侧，同时顺随腰胯向右旋转之势而稍斜上前一步，右足跟先着地即随重心前移之势而至右膝前屈。左脚于后，同时顺随其势而向右前伸膝，成右弓步。右手臂于右膝前下垂，同时顺随腰胯向右旋转，右脚上步之势而以肩关节为轴心，并继续伸肘于下向右上手臂内旋，以至右手臂屈腕而架掌于右额前，其掌心向右。左手臂屈肘而至其掌立于右耳门前，同时顺随其势向下伸肘、屈腕并小臂渐内旋以至左手臂下垂于右膝内侧，其掌心向下。不停，随呼吸，右弓步，腰胯迅速左旋，重心即稍前移，右手臂架掌于右额前，同时顺随腰胯左旋之势而以肩关节为轴心，于右上向额前其手臂外旋并疾速前劈，其手臂稍高于肩，掌心向左偏上。左手臂于右膝内侧下垂，同时顺随其势于下向上迅速屈肘，并小臂迅速外旋，以至左手臂屈肘，其掌而收于腰左，掌心向上。成右弓步，右手臂伸肘、右掌前劈之式。

　　🟠 **要领**：该式为以守为攻之散手击技组合，即当彼方直击己头部，或上盘位，己则先稍向左避之，随即右手小臂向右搏挡并乘势而向前劈之。该式之组合动作务需左、右单操，尤以左手务必反复锤炼。

图 5-51

四十九、恨天无环、指裆拳

🌀 **动作**（向北，如图 5-51）：接上式，右弓步，右手臂伸肘而前伸，其手臂稍高于肩，掌心向左偏上。左手臂屈肘而至其手掌于腰左，掌心向上。不停，随呼吸，腰胯向右旋转并重心前移，左脚于后同时顺随其势而稍提膝，伸踝并上前一步，其膝向前而屈，右膝随之而向前伸直，成左弓步。左手臂屈肘而至其掌于腰左，同时顺随腰胯向右旋转、重心前移之势而向前上方伸肘，以至左手臂伸于额前，其手臂稍高于肩，掌心向上。右手臂前伸于额前，同时顺随其势而手臂内旋至掌心向下，并与左手腕交叉，右手腕于左手腕之下。不停，左弓步，重心稍前移并稍下沉以至左膝稍下沉。双手腕交叉于额前，同时顺随重心前移之势，而以肩关节为轴心，左手腕于上独自向下内旋，并从上向前下交叉下压至小腹前，双掌心均向下。不停，腰胯向左旋转，其重心不变，左手臂伸肘至其掌于小腹前同时顺随腰胯向左旋转，而向左后屈肘并小臂外旋，以至左手臂屈肘其小臂收于腰左，其掌心向上。右手臂于小腹前下伸掌，同时顺随其势而继续向前下伸至极限，其掌心向下。不停，随呼吸，左弓步，腰胯迅速向右旋转，重心顷刻前移，左手臂屈肘于腰左同时顺随其疢劲迅速握拳，并手臂内旋而向前下伸拳，其左拳平左膝，拳心向下。右手臂于前下而伸，同时顺随其势于前经右下而握拳，向右后上而疾速伸拳，其手臂稍低于肩，拳心向上。成左弓步，左指裆拳之势。

🌀 **要领**：该式与第四十式，"泰山压顶"中指裆拳要领相同。

图 5-52

五十、双凤朝阳、双按掌

🔸 **动作**（向北，如图 5-52）：接上式，左弓步，左手臂握拳向前下直伸，其拳平左膝，拳心向下。右手臂握拳向右后上伸拳，其手臂稍低于肩，拳心向上。不停，随呼吸，左弓步，腰胯向左而旋，重心稍上拔（左弓步不变），左手臂握拳于前下伸拳，同时顺随腰胯左旋，重心上拔之势而以肩关节为轴心，于前向后而屈肘并小臂握拳向内而外旋，以至其小臂斜横于腹前，拳心向上，右手臂于右后上伸拳，同时顺随其势而以肩关节为轴心于右后向右下而至腹前并小臂外旋，以至其小臂于与左小臂交叉于腹前。其拳心向上。不停，左弓步，腰胯向右旋转，其重心同时于左脚渐移向右脚，并平衡丁双脚之间，双膝稍下屈，成高桩马步。双手臂握拳于腹前交叉，同时顺随腰胯向右旋转，重心右移之势而双手指渐伸成掌，双小臂同时内旋，屈腕并向外伸肘而稍外展。不停，重心下沉，双膝稍向左前屈，成侧马步（向北）双手臂于腰胯两侧稍外展，同时顺随重心下沉之势而继续外展，以至其手臂均平于肩，双掌心均向外。不停，随呼吸，腰胯向左旋转，重心于右脚渐向前移，以至左脚同时顺随其势而向左前屈膝，右脚于后同时向左伸膝，成左弓步。双手臂于左右外展，同时顺随腰

192

胯向左旋转，而以肩关节为轴心于左右两侧继续伸肘并向前而手臂外旋，以至双手臂前伸于额前，其手臂均平肩，掌心亦均向上。随即，左弓步，重心稍前移即稍下沉，双手臂于前伸，同时顺随其势，而稍前伸并双手臂均渐内旋至掌心向下即继续坠肘向下按压至腹前。成左弓步，双手臂前伸而同下按压之式。

要领：该式之组合动作，因上下起伏波动较大，故在操练中尤以始终保持立身中正而自然之状态。

图 5-53

五十一、牛气冲天、转身正

动作（向南 如图 5-53）：接上式，左弓步，双手臂稍坠肘前伸于腹前，其掌心均向下。不停，随呼吸，腰胯向右后旋转（自北向南），重心于左脚继续稍下沉，右脚于左脚之后而顺随腰胯向右后旋转之势，同时以其足前掌为轴心，而至其足跟向内旋转，其足尖随势而向前（向南），随即重心于左脚渐移至右脚，以至右膝随势而向前屈膝，左脚于右脚之后同时顺随其势向左后稍摆小半步，即向右脚伸膝，成右弓步（向南）。双手臂于腹前而前伸（向北），同时顺随腰胯向右后转身之势，而以肩关节为轴心，双手臂同时于前经右外并向右后而

193

旋转，以至双掌心向右并稍屈肘：其中右手臂于腹前（向北），同时顺随腰胯向右后旋转身成弧形而进，以至其手臂稍屈肘其手掌于额前而伸之，掌心向右；左手臂于腹前即尾随右手臂之后，同时顺随其势而旋动，以至其手臂稍屈肘其手掌于额前而伸之，双手腕成交叉状（左下右上）。不停，重心于前渐稍向后移，右手臂于额前同时顺随其势向左而小臂稍外旋，并稍屈肘。左手于额前同时顺随其势而小臂外旋，稍屈肘，以至双手腕交叉于额前，双掌心均向后（左手掌于前），成右弓步，双掌交叉架于额前之式。不停，重心于前渐向后移，以至左膝随势而下屈至极，右脚于前同时随之向后伸膝，成右虚步。双手腕交叉于额前同时顺随其势而向内屈肘，以至双手腕交叉于胸前。随即重心渐上拔，左膝渐伸直，右脚于前同时稍提膝，伸踝而向后经左踝内侧即渐向右横迈一步，双足平行并稍宽于肩，双膝稍屈。双手腕交叉于胸前，同时顺随重心上拔之势而小臂稍内旋，并向左右两侧伸肘，以至双手臂下垂于腰胯两侧，双掌心均向后。

　　🟡 **要领：**如同第十式。

图 5-54

五十二、力劈华山、双铁扇

　　🟡 **动作**（向南 如图 5-54）：接上式，双足平行并稍宽于肩而立，双膝稍屈。

双手臂下垂于腰胯之左右，双掌心均向后。不停，随呼吸，双膝稍下沉，腰胯先稍右，即稍左旋，双手臂于腰胯两侧下垂，同时顺随腰胯左右旋动而继续伸肘，并向左右两侧内旋升外展，其中当腰胯向左旋转时，右手臂已先外展即于右外而向前外旋，以至右手掌向前的上方伸于额前，其手臂稍高于肩，掌心向左。左手臂则顺随其势而外展，其手臂稍低于肩，掌心向后。不停，腰胯向右旋转，左手臂于外展，同时顺随腰胯向右旋转而以肩关节为轴心，从左外向前而小臂外旋，以至左手掌伸于右额前，其手臂稍高于肩，掌心向内。右手掌于额前而伸，同时顺随其势而向左外旋，并至其手腕交叉于左手腕内侧，其掌心向内。不停，重心下沉至双膝下屈，成正马步。双手腕于额前交叉，同时顺随重心下沉之势，而双手臂于上向下继续交叉并小臂内旋、翻掌而至双掌心向下，以至双掌交叉下压于双膝内侧前。随即，重心上拔，双膝渐向上伸膝而直立，双手腕交叉于小腹前，同时顺随腰胯上拔，双脚直立之势，双手臂渐向下伸肘并小臂内旋，以至双小臂垂于双膝内侧，其掌心均向左右，随即于下向上渐沿任脉至额前而小臂外旋，并翻掌以至双手臂上举于额前，掌心向后。不停，随呼吸，重心迅速下沉而至双膝下屈，成正马步，双掌上举于额前同时顺随重心下沉之势，从上向下迅速下劈至小腹前（其双掌于双膝前），双掌心向上，成正马步，双手臂屈肘双掌下劈之势。

要领： 该式为典型之阳功操练之法则。故务必不厌其烦之反复单操。

图 5-55

五十三、双风贯耳、右蹬腿

动作（向南，如图5-55）：接上式，正马步，双手臂稍屈肘而至其双掌伸于小腹前，其掌心均向上。不停，随呼吸，重心于双脚之间渐移至右脚，并于右上拔而至右脚稍屈并独立，左脚于右脚之左侧，同时顺随其势而稍提膝，伸踝并于左向右经右足内踝即上前一步，其足跟先着地，随即重心继续前移，以至左脚同时顺随重心前移之势而向前屈膝，右脚于后随之向前伸膝，成左弓步。双手臂屈肘于小腹前，同时顺随重心上拔并前移之势，而渐握拳，即双小臂内旋至腰之左右，并经腰后渐伸肘，而以肩关节为轴心，从双肩之左右成弧形横扫至额前，其手臂均稍高于肩，拳心均向下。成左弓步，左右横拳之式。不停，重心稍前移并稍下沉，双手臂握拳于额前，同时顺随重心前移之势而小臂握拳均外旋，并向后屈肘，以至双手臂屈肘，握拳于腰之左右，其拳心均向上。不停，随呼吸，左弓步，右脚于后迅速提膝而向前蹬出至胸前，其足尖内勾，成左脚独立，右脚向前蹬腿之式。

🟠 **要领**：当左脚独立，右脚向前蹬腿时，务必小腹稍微内收并虚灵顶颈，以至重心稳实而中正自然。

图 5-56

五十四、以退为进、双立掌

🟠 **动作**（向南 如图 5-56）：接上式，左脚独立，右脚向前蹬腿至胸前，其足尖内勾，双手臂屈肘握拳于腰之左右，其拳心均向上。不停，随呼吸，右脚向前蹬出后，随即屈膝而向后退一步，腰胯同时顺随其势即向右后旋转（自

心悟锤

196

南向北），重心于左脚渐移向右脚，以至右脚向右（向北）前屈膝，左脚随之向右伸膝，成右弓步，双手臂屈肘握拳于腰之左右，同时顺随腰胯向右后旋转，重心右移之势而双小臂均渐内旋，于指渐伸，并向下伸时以至双手臂下垂于右膝两侧，双掌心向内。不停，重心稍上拔，腰胯即向左后旋转（自北向南），左脚于后同时顺随腰胯向左后旋转之势，稍提膝，伸踝并向右脚之后退一步，双膝同时顺随其势而下屈以至成右侧马步（右脚于前），双手臂下垂于右膝两侧（北），同时顺随腰胯向左后旋转、左脚后退一步之势，而以肩关节为轴心，双手臂于下向右上（左转身）、经头顶而手臂外旋，以至双手臂上举于头顶，其掌心均向后（面向南），随即双手从上向下而劈至小腹前，双掌心向上。成右侧马步，双掌下劈之势。不停，随呼吸，左脚迅速蹬地，腰胯同时顺随其凭势而迅速向右旋转。其凭势促使双掌于小腹前疾速立掌前推，其手臂均平肩，掌心均向前。成右弓步，双手臂伸肘向前推掌之势。

🔆 **要领**：该式之组合动作，其连续后退两步即双掌劈而攻之时，务必在向后撤步之过程中确保其重心平稳自如，如此方能在双掌下劈，前推而进攻时，沉实发劲。

图 5-57

五十五、拨云见日、双掌凶

🔆 **动作**（向东北，如图 5-57）：接上式，右弓步，双手臂伸肘立掌而前推，其手臂平肩，掌心均向前。不停，随呼吸。腰胯向左后旋转，重心于右脚渐移向左脚，以至左脚顺随其势向左前屈膝，右脚于后同时随之向左伸膝，成左弓步（向东北）。双手臂于右膝前上方立掌前伸（向南），同时顺随腰胯向左后旋转，重心左移之势而稍屈肘，以至双手小臂直立于胸、额之前，并于前向左后而小臂旋转（左小臂内旋，右小臂外旋），当左弓步形成时，双手小臂已立架于左膝之上方。成左弓步，双手小臂直立于胸前之式。不停，左弓步，重心下沉并于前稍向后而移，以至平衡于双足之间，双膝随之下屈成侧马步（向东北）。双手臂屈肘而至双小臂立于胸前，同时顺随重心下沉之势而均稍向后而稍屈肘，以至双小臂向后而收缩直立于胸前。不停，随呼吸，右足迅速蹬地，即至右膝向左前绷直，腰胯同时顺随其朵劲向左旋转，其朵势即至双手臂立掌疾速前推，其手臂均平肩，掌心均向前。成左弓步，双手臂立掌前推之式。

要领：该组合动作可作为单操之必修课，即对其左右反复单操，以至使阳刚之劲能随意而生。

图 5-58

五十六、虎视眈眈、顶头悬

动作（向东北，如图 5-58）：接上式，左弓步，双手臂立掌前伸，其手臂平肩，掌心均向前。不停，随呼吸，重心稍前移并稍下沉，双手臂于立掌前伸，同时顺随重心前移之势而双手腕渐向前伸，以至双掌心向下。随即左弓步，重心继续稍下沉即上拨，双手臂于前伸同时顺随其势，而以肩关节为轴心于上向下而至

心悟锤

双手臂下垂于左膝两侧，双掌心均向后，成左弓步，双手臂下垂之式。

要领：该组合动作，看似较为简单，但是如真正能致使其动作协调圆活却非易事，因为双手臂立掌从前伸而下压至右膝两侧而下垂，在这一运动过程中，主要依靠其重心之沉浮予以调整，故该式在操练中务必潜心用功，以至意、气、形交融于一体。

图 5-59

五十七、大刀阔斧、右横拳

动作（东北，如图 5-59）：接上式，左弓步，双手臂向下伸肘、伸腕并下垂于左膝两侧，双掌心向后。不停，随呼吸。腰胯向左而旋，重心继续稍前移至左脚，以至左膝继续稍下屈，右脚于左脚之后继续向左伸膝。右手臂下垂于左膝内侧，同时顺随腰胯左旋重心稍前移之势而继续伸肘、伸腕，并以肩关节为轴心继续，成弧形向前而手臂稍内旋，以至其手掌前伸于额前，其手臂稍高于肩，掌心向右。左手臂下垂于左膝外侧，同时顺随其势而继续伸肘，伸腕并以肩关节为轴心，成弧形向左后而伸掌并手臂外旋，以至其手臂伸于腰左后，其手臂稍低于肩，掌心向右，成左弓步双手臂前后而伸之式。不停，重心稍上

199

拔并腰胯向右后（从东北向西南）旋转，右脚于左脚之后同时顺随重心稍上拔、腰胯向右后旋转之势，而以其足前掌为轴心至右足跟向左内旋转，以至其足尖向前（西南），左脚于前屈膝（东北）同时顺随其势而向上伸膝，以至双脚微屈而立。不停，右手臂于前（东北）伸掌，同时顺随重心稍上拔、腰胯向右后旋转之势，即于前向上继续伸肘、伸腕，并以肩关节为轴心而手臂稍内旋以至其手臂上举于头顶（面向西南），掌心向左。左手臂于腰左后伸掌，同时顺随其势而继续伸肘、伸腕并以肩关节为轴心于左后经左下即小臂稍外旋（随右转身至西南），而至其手臂稍斜垂于腰胯左外侧，掌心向左。不停，腰胯继续向右旋转并重心稍下沉，右脚于前稍直立，同时顺随腰胯向右旋转、重心稍下沉之势而向右前屈膝，左脚于右脚之后稍直立，同时顺随其势而稍提膝、伸踝即向左外侧稍移摆小半步，并向右前伸膝，成右弓步。右手臂上举于头顶同时顺随其势，而稍屈肘、侧屈腕并以肩关节为轴心，于上向下而至其手掌劈于腰胯右侧，掌心向内，左手臂于腰胯左侧同时顺随其势而继续伸肘、侧屈腕即以肩关节为轴心并手臂外旋，从左下经左外、向头顶成弧形下劈至小腹前，掌心向右。不停，随呼吸，右弓步，腰胯稍向左旋转，重心于右渐移向左脚，以至左脚向左前屈膝，右脚随之向左伸膝，成左弓步（向东北）。左手臂侧屈腕下劈于小腹前，同时顺随腰胯向左旋转、重心左移之势，即以肩关节为轴心，于下向左上而渐握拳并屈肘、其小臂内旋，以至左手臂握拳屈肘而架拳于左额前，其拳心向外。右手臂伸肘、伸腕下垂于腰胯右侧，同时顺随其势而以肩关节为轴心，于右下向左上渐握拳并稍屈肘其小臂渐内旋，以至右手臂成弧形横扫至额前，其手臂稍高于肩，拳心向下。成左弓步，左手臂屈肘而架拳，右手臂稍屈肘握拳而向额前横扫之式。

　　🟠 **要领：** 该组合动作为对待身后突袭之敌所设，即左弓步向右后转身双手臂先后抡劈，随之向左架拳并右拳横扫，纵观全式组合，务必有较强的攻防意识，并始终保持身体平衡而中正自然。

心
悟
锤

图 5-60

五十八、拔草寻蛇、双臂旋

🟠 **动作**（向西，如图 5-60）：接上式，左弓步，左手臂屈肘握拳于左额前，拳心向前。右手臂稍屈肘而握拳于额前，其手臂稍高于肩，拳心向下。不停，随呼吸，腰胯向右旋转并重心于左脚渐移向右脚而稍下沉，以至右脚向右前屈膝，左脚于后随之向右伸膝，成右弓步。右手臂握拳于额前，同时顺随腰胯向右旋转及重心稍下沉之势，而以肩关节为轴心并继续屈肘，于上向下而小臂外旋，以至右小臂横于右腹前，其拳心向上。左手臂屈肘握拳于左额前，同时顺随其势而小臂握拳即向下屈肘，并以肩关节为轴心，于左上向下而小臂外旋，以至左小臂远端下压于右拳之拳面前，其拳心向上。不停，右弓步，重心于前向后而移并稍上拔，左脚于右脚之后，同时顺随重心后移而至左膝下屈，其腰脊并稍上拔，右脚于前同时顺随其势而向左伸膝，以至其足跟着地而足尖上翘，成右虚步。双手臂屈肘握拳于腹前，同时顺随重心后移，并稍上拔之势，而双手指渐伸、成掌，并双小臂渐内旋而向下渐伸肘、屈腕以至双手腕交叉于腹前而分别向左右两侧外展，其手臂均稍低于肩，掌心均向外。不停，随呼吸，重心上拔并向前而移，以至右脚顺随其势而前屈膝，左脚于后同时随之向右前伸

201

膝，成右弓步，双手臂于两侧外展同时顺随其势而双手臂分别向左右方向外旋而外展，以至双手臂均平于肩，其掌心均向外，随即以肩关节为轴心继续伸肘，于两侧向前下方手臂同时渐外旋而伸掌，以至双掌均伸于右膝前方，右掌于右膝之上，掌心向左。左掌于右掌之下，其掌心向右。成右弓步，双手臂向前下斜伸掌之势。

🟠 **要领**：该式之组合动作，均务必保持立身中正自然，双手臂之伸屈旋展均务求随身而动，以至完全形成整体之劲。

图 5-61

五十九、金鸡独立、刀削竹

🟠 **动作**（向南，如图 5-61）：接上式，右弓步，双手臂伸肘、伸腕并向前斜下而伸掌至右膝前，右掌于前上，左掌于右掌之稍下后，掌心均向内。不停，随呼吸，腰胯稍右旋并稍下沉，左掌斜伸于右膝前（向西），同时顺随腰胯右旋，

心
悟
锤

202

重心稍下沉之势而继续向前下斜伸至极，右手臂于左膝前，同时顺随其势而于下向左上屈肘，以至右手掌轻贴与左上臂之上，其掌心向下。随即腰胯向左旋转并重心于右脚渐向左移，以至左脚随势向左前屈膝，右脚随之向左脚方向伸膝，成左弓步（向东）。左手臂于右膝前（向西）斜下而伸掌，同顺随腰胯向左旋转，重心左移之势而于下向左上屈肘，伸腕并小臂内旋，以至左手臂屈肘其小臂向右而斜下并斜横于左上腹前，其掌心向下。右手臂屈肘而至其手掌轻贴于左上臂之上，同时顺随腰胯向左旋转而至右小臂自然横于胸前。不停，随呼吸，腰胯向右旋转（向南），并重心上拔至左膝向上伸膝，右脚于左脚之后，同时顺随腰胯向右旋转，重心上拔之势而向上提膝、伸踝以至右脚屈膝于腹前，左脚独立。左手臂屈肘至其小臂于腹前，同时顺随腰胯向右旋转，重心上拔之势而于右下向左上屈肘至极限，以至其肘尖向左上偏后而翘，其手掌斜于左腋前，掌心向下。右手臂屈肘于胸前，其手掌于左上臂之上，同时顺随左手臂向上逆向屈肘时，即沿其手臂向右下伸肘，以至右手臂侧屈腕而下垂于右膝下前，其掌心向下。成左脚独立，右脚提膝、伸踝。左手臂向左上方屈肘，右手向右下切掌之式。（俗称："快刀削竹"）

要领：在套路操练进入结尾阶段，务必注意更好地调整呼吸，切忌心浮气躁，以至更好地形随炁引，如此方可自然而然的放慢操练之速度，从而更好地获取练功之效果。

六十、收式、定丹田

动作（向南，如图5-62）：接上式，左脚独立，右膝上提至极限并伸踝。右手臂伸肘、侧屈腕、其掌心向下并下垂于右小腿外侧前。左手臂向左上方屈肘至极限，以至其肘尖上翘而高于肩，其掌心向下。不停，随呼吸，腰胯稍向左旋（向东），并重心向左稍下沉，右脚提膝于腹前同时顺随腰胯左旋，重心稍下沉之势而向右伸膝，并至右足于左足之后向左伸膝。左脚于右脚之前同时顺随其势而稍向左前屈膝。左手臂于左上屈肘，伸腕同时顺随腰胯左旋，重心稍下沉之势而小臂稍内旋并向下伸肘，以至其手臂下垂于左膝外侧，其掌心向内。右手臂下垂于右膝前（南），同时顺随其势，而以肩关节为轴心稍向左内旋而

图 5-62

至左膝内侧下垂，其掌心向内。不停，腰胯稍向右旋转，重心于左脚稍向右移，以至左膝稍向右而伸，左膝随之而稍直立。右脚于左脚之右侧，其足与左足平行并稍宽于肩而直立。右手臂于左膝内侧下垂（东），同时顺随腰胯向右旋之势而稍屈肘，并以肩关节为轴心向右上而小臂内旋，以至其手掌伸于右额前，其手臂稍高于肩，掌心向右。左手臂于左膝外侧下垂（东），同时顺随其势并跟随右手臂之后，而以肩关节为轴心向右上而小臂外旋，以至左手臂向前而伸掌，其手臂平肩，掌心向上。不停，腰胯稍左旋，左手臂于前伸，同时顺随腰胯稍左旋，而手臂继续前伸并小臂稍向左内旋以至掌心向左。右手臂于右额前伸掌，同时顺随其势其手臂继续前伸并小臂向左而外旋，其掌心向内。随即双脚继续保持直立，其膝均稍屈，腰胯稍向右旋并重心稍前移，左手臂于前伸同时顺随其势而继续前伸，并小臂外旋至掌心向内。右手臂于前伸，同时顺随其势其掌心向内，并与左掌心相对而均同时稍前伸之。不停，重心稍上拔即下沉，以至双膝同时下屈。双手臂于前伸同时顺随其势而双小臂渐内旋至掌心向下，并以

204

肩关节为轴心，继续伸肘而同时于前向下按压至腰胯两侧，双掌心向后。不停，重心上拔，双膝渐向上伸膝，双手臂于腰胯两侧下垂，同时顺随重心上拔之势而双手臂继续下垂并外旋至掌心均向内，随即重心下沉，双膝渐下屈前成正马步。双手臂于腰胯两侧同时顺随重心下沉而以肩关节为轴心，伸肘并于下向两侧之上而手臂外旋，以至双手臂外展而平肩，掌心向上。不停，重心上拔，双膝渐向上直立，双手臂外展于左右同时继续伸肘并以肩关节为轴心，即向上至头顶并屈腕至双掌相叠，左掌于下，随即重心稍下沉，双膝渐下屈，双掌相叠于头顶，同时顺随重心下沉而沿上星、膻中，直至丹田于腰之左右下垂，即双小臂渐垂而外旋至掌心均向内。不停，随呼吸，重心稍下沉并渐移至右脚，左脚即顺随其势而稍提膝、伸踝并收至右足内侧平行而立。不停，随呼吸，双足并步，双膝微屈，双手臂自然下垂，虚灵顶颈，稍含胸拔背，坠肘沉肩，收肛实腹，意定丹田，立身中正，自然而然，吐纳静立片刻。

🟠 要领：于同"心悟锤"甲路收式相同。

2015 年 3 月 8 日定稿于龙祥康复堂工作室

易仲祥

205

千錘百煉　沉心清心四乃一身之主

參悟感悟　悟出千年精髓

易仲祥撰書于　乙未年中秋

作者撰联并硬笔书法照

仁术仁心法济世

颜开颜悦以兴国医

景仰详撰书于
甲午季春

作者撰联并硬笔书法照

后记

　　《心悟锤》一书历经数年编写，现在正式出版发行了。回顾过去的二十余年，从打造"心悟锤"甲、乙套路到创建以"子午流注"经络学为主导的"龙祥康复堂"，直至将"心悟锤"与古医文化交融于一体编撰成书，真可谓历尽艰辛。当看到越来越多身体处于亚健康状态的人们顺随着"心悟锤"的旋律尽情地体会祛病延年之玄妙，当看到那些长期在逆境中挣扎的患者获得新生活的希望和久违的愉悦，我们的收获感和欣慰感便油然而生。

　　千百年来，中医和中华传统武术互为表里、相互依存，为冷兵器时代的国泰民安构建了安全的生存环境。世人因此而对其产生敬畏之心和神奇之感。由于中国数千年传统封建保守世俗观念的冲击，这种神奇渐渐被人们淡泊直至遗忘。尽管时常能听到练家们念叨：拳起于易、理成于医、尾闾中正神贯顶、满身轻利顶头悬等古人名训，但是，要将理论与实践合理并巧妙地结合起来并非易事，因为数千年武医文化精髓的沉淀，综合了人体解剖、生理、人体经络学和天人合一古哲学等。较长时期来，敝人在践行"子午流注"经络学的康复医学中，因人、因时、因地地相互辩证与"心悟锤"有机结合起来修身养性，取得了令人振奋之效果。奥博的医武文化让现代的人们享受到古圣贤们的伟大智慧所带来的健康与幸福。此时此刻充满着成就感的我触感而发：阴阳任督藏哲理，吐纳沉浮创神奇，武术中医源一体，千年精粹要温习，承前启后明贤志，避短

心悟锤

扬长树新旗，喜看中华修心悟，民康气正显炳灵。

在漫长的历史长河中，中华民族不断发现、创造、传承、弘扬和发展博大精深的医学和武术文化，同时这种医武文化又积极推动了我国民族和社会的发展，它潜移默化地影响着中华民族的文化心理和民族个性。希望本书的出版，能为中国传统医学和武术这一中国非物质文化遗产的传承和发展起到一定的促进作用。

艺无止境，学无止境。传承和弘扬中华民族的医学和武术文化，更有待于每一个中华儿女共同携手，锐意进取。"天行健，君子以自强不息。"我愿以此为座右铭，为中华医学和武术的发展继续不懈努力！

易仲祥

2017 年 10 月 25 日于长沙

龙祥康复堂

图书在版编目（ＣＩＰ）数据

心悟锤 / 易仲祥，易帆著. -- 长沙 ： 湖南科学技术出版社，2018.2
ISBN 978-7-5357-9519-9

Ⅰ．①心… Ⅱ．①易… ②易… Ⅲ.①拳术－中国－图解Ⅳ．①G852.19-64

中国版本图书馆 CIP 数据核字(2017)第 226149 号

XINWUCHUI

心悟锤

著　　者：易仲祥　　易　帆
责任编辑：罗列夫
出版发行：湖南科学技术出版社
社　　址：长沙市湘雅路 276 号
　　　　　http://www.hnstp.com
湖南科学技术出版社天猫旗舰店网址：
　　　　　http://hnkjcbs.tmall.com
邮购联系：本社直销科　　0731 - 84375808
印　　刷：湖南省誉成广告印务有限公司
　　　　　（印装质量问题请直接与本厂联系）
厂　　址：长沙市环保中路 188 号国际企业中心
邮　　编：410116
版　　次：2018 年 2 月第 1 版
印　　次：2018 年 2 月第 1 次印刷
开　　本：710mm×1000mm　1/16
印　　张：15
字　　数：200000
书　　号：ISBN 978-7-5357-9519-9
定　　价：49.00 元